知的障害教育における学習評価の実践ガイド

学習評価の
9実践事例を踏まえて

はじめに

　我が国では国際的な教育の動向や国内における様々な社会状況等を踏まえながら、育成を目指す資質・能力を踏まえた教育目標・内容と指導方法や学習評価の在り方について一体的な見直しが図られています。中央教育審議会初等中等教育分科会教育課程部会に設置された教育課程企画特別部会の議論では、育成を目指す資質・能力の三つの柱が示され、各教科において、育成すべき資質・能力を踏まえて教育の目標を検討する際には、評価の観点の在り方と一貫性を持った形で検討を進めていくことが必要であるとの認識のもと評価の観点の設定の重要性についても議論されています。まさに、育成を目指す資質・能力が確実にはぐくまれているかどうかは、学習評価によりその状況が明らかになることから、教育目標・内容や指導方法と学習評価を一体化し、各学校において具体的に展開していくカリキュラム・マネジメントを実施する際にも学習評価は大変重要な役割や機能を果たしていると言えます。

　そもそも学習評価は、児童生徒の学習状況を把握するものであり、その結果を教育活動の充実に生かすために行うものです。中央教育審議会の平成22年3月の「児童生徒の学習評価の在り方について(報告)」では、障害のある児童生徒の学習評価に係る基本的な考え方として、「学習指導要領に定める目標に準拠して評価を行うことや個人内評価を重視すること、学習指導と学習評価とを一体的に進めること、指導目標や指導内容、評価規準の設定においては一定の妥当性が求められること」など、障害のない児童生徒に対する評価の考え方と基本的に変わりがないとしています。また、知的障害教育においては、「個別に設定した指導目標や内容に基づいて指導が行われている」が、そこでは、「目標設定や指導内容・方法の妥当性に十分配慮すること」が求められているとしています。

　国立特別支援教育総合研究所が平成24年度の予備的・準備的研究で行った調査では、評価の観点を定めて学習評価を行っている学校がある一方で、共通の観点を定めたり、評価の時期、方法を共有化したりするなどの組織的な取組には必ずしもなっていないことが明らかになりました。個々の学校の状況をみますと、授業ごとや一つの単元ごとに学習評価は行われていますが、相互の関連付けや、年間指導計画に基づく総括的な学習評価との結び付きが明確になっていない点もうかがわれました。このような課題を解決するに当たっては、学習評価が大きな意味を持つものであると考えます。

はじめに

　こうした点を踏まえ、国立特別支援教育総合研究所では、「知的障害教育における組織的・体系的な学習評価の推進を促す方策」を明らかにすることを目的に、研究協力機関において実践されている評価方法の工夫、学習評価のPDCAサイクルについての聞き取りを行い、実践事例の検討をとおして組織的・体系的な学習評価を進めるために参考となる事項を明らかにしました。

　これらのことにより、評価の観点を定めた学習評価の方法の工夫、組織的・体系的に行う学習評価のPDCAサイクルの在り方など、学校が必要としている学習評価の実施方法や活用の在り方について、事例と併せて紹介することを目的に本書を刊行いたします。

　実践事例は特別支援学校（知的障害）をもとにしていますが、組織的・体系的な学習評価を進めるために必要な情報が提供されることで、特別支援学校（知的障害）のみならず、特別支援学級においても目標設定や指導内容・方法の妥当性が高まり、教育活動の充実が図られるものと考えます。

　本書をご活用いただき、これからの時代の教育に必要とされる「育成を目指す資質・能力」を総合的にはぐくむ創造的な教育が展開されることを祈念しております。

　平成 28 年 9 月

　　　　　　　　　　　　　　　独立行政法人　国立特別支援教育総合研究所
　　　　　　　　　　　　　　　　　　　　　　　　　　　理事長　宍戸 和成

目 次

目 次

はじめに……………………………………………………………………………… 2
序説　知的障害教育における学習評価の今後の在り方 …………………………… 7
第Ⅰ章　理論編 ……………………………………………………………………… 13
  第1節　研究の概要………………………………………………………………… 15
    1　研究の背景と目的…………………………………………………………… 15
    2　研究の全体構造……………………………………………………………… 16
    3　研究体制等…………………………………………………………………… 19
  第2節　知的障害教育における学習評価の意義と課題………………………… 20
    1　中教審報告（2010）で指摘された学習評価に関する課題……………… 20
      （1）学習評価に関する課題と本研究で検討する課題 …………………… 20
      （2）学習評価に関わる用語の整理 ………………………………………… 22
    2　特別支援学校学習指導要領で求められる学習評価……………………… 24
    3　知的障害教育において観点別学習状況の評価を取り入れることの意義
       ……………………………………………………………………………… 25
    4　先行研究（国立特別支援教育総合研究所，2012）における知的障害教
       育における学習評価の現状と課題……………………………………… 27
  第3節　研究において検討した四つの柱
    1　知的障害教育における学習評価のPDCAサイクル …………………… 30
      （1）知的障害教育における学習評価のPDCAサイクルの作成………… 30
      （2）教育計画作成段階（P）………………………………………………… 31
      （3）指導計画・評価計画を踏まえた教育活動の実施（D）……………… 32
      （4）学習状況の評価、授業の評価、指導の評価（C）…………………… 32
      （5）授業改善、指導計画の改善、教育課程の改善（A）………………… 33
    2　研究において検討した四つの柱…………………………………………… 34
      （1）研究において検討した四つの柱の位置付け ………………………… 34
      （2）観点別学習評価の在り方 ……………………………………………… 36
      （3）学習評価を学習指導の改善に生かすための工夫 …………………… 36
      （4）学習評価を児童生徒への支援に活用する方策 ……………………… 37
      （5）組織的・体系的な学習評価の推進を促す方策 ……………………… 37
  第4節　研究から得られた知見と今後の実践に向けた課題…………………… 39
    1　生きる力を育成する観点別学習状況の評価……………………………… 39
    2　指導と評価の一体化について……………………………………………… 41

3 児童生徒の発達を支援する学習評価の活用······43
4 組織的・体系的な学習評価の推進を促すための方策に関する知見と今後の課題······45
5 組織的・体系的な学習評価に基づく教育課程の評価に関する課題······49
6 特別支援学校（知的障害）の実践を参考にした特別支援学級の学習評価の進め方······50
7 知的障害教育における学習評価の在り方に関する今後の課題······52

第Ⅱ章　実践編······55
第5節　四つの柱ごとの研究協力機関の実践
1 観点別学習状況の評価の実践······57
　実践の概要······57
　　愛媛大学教育学部附属特別支援学校の概要と実践······58
　　千葉県立八千代特別支援学校の概要と実践······72
　研究協力機関の実践のまとめと考察······86
2 学習評価を指導の改善に生かす実践······87
　実践の概要······87
　　鹿児島大学教育学部附属特別支援学校の実践······88
　　福島県立いわき養護学校の実践······99
　　岩手大学教育学部附属特別支援学校の実践······121
　研究協力機関の実践のまとめと考察······136
3 学習評価を児童生徒への支援に活用する実践······141
　実践の概要······141
　　京都府立舞鶴支援学校の実践······142
　　千葉県立特別支援学校流山高等学園の実践······153
　研究協力機関の実践のまとめと考察······161
4 組織的・体系的な学習評価を促す実践······163
　実践の概要······163
　　広島県立庄原特別支援学校の実践······164
　　静岡県立袋井特別支援学校の実践······176
　研究協力機関の実践のまとめと考察······192
　■〔全国調査〕特別支援学校（知的障害）における組織的・体系的学習評価の実施状況に関するアンケート調査結果概要······194

序　説

お読みいただく前に

　本書は、国立特別支援教育総合研究所が実施した平成 25 年度～平成 26 年度専門 B「知的障害教育における組織的・体系的な学習評価の推進を促す方策に関する研究－特別支援学校（知的障害）の実践事例を踏まえた検討を通じて－」を基にしています。この研究では、文部科学省初等中等教育局特別支援教育課　丹野哲也特別支援教育調査官より「知的障害教育における学習評価の今後の在り方」と題する寄稿をいただき、研究協力者として多大なる示唆を与えていただきました。本書の発刊に際しても内容や構成等に関して様々な助言をいただいております。記して御礼を申し上げますと共に、この寄稿を冒頭に掲載し、本書を読み進めていく際の重要な手掛かりとしていただくようお願いいたします。

序説 知的障害教育における学習評価の今後の在り方

文部科学省初等中等教育局特別支援教育課
特別支援教育調査官 丹野 哲也

■ はじめに

　本書で定義する学習評価とは、学校における教育活動に関し、児童生徒の学習状況を評価するものである。

　この学習評価に関しては、文部科学大臣の中央教育審議会への諮問「初等中等教育における教育課程の基準等の在り方について」（中央教育審議会，2014）の中で、児童生徒の学びの成果として、その評価の在り方についても審議事項とされ、重要性が示されているといえる。

　このような時期、予備的研究も含めた3年間にわたる研究の成果や本書の刊行は、今後の知的障害教育における学習評価の方向性について重要な示唆を与えるものである。

　本稿では、国立特別支援教育総合研究所の研究成果に基づき、知的障害教育における学習評価の今後の方向性について述べたい。

1 児童生徒の「可能性」を見いだすための学習評価

　学習評価の観点は、教育基本法等により明確にされた教育の理念に基づき、学校教育法で規定された「生きる力」を構成する学力の3要素との関連に基づいた評価の観点である。特別支援学校学習指導要領解説によれば、知的障害のある児童生徒の学習上の特性として、「学習によって得た知識や技能が断片的になりやすく、実際の生活の場で応用されにくいことや、成功経験が少ないことなどにより、主体的活動に取り組む意欲が十分に育っていないこと」（文部科学省，2009）が指摘されている。このような学び方の特性を踏まえながら、断片的になりやすい「知識」や「技能」を有機的に結びつけていくために、「関心・意欲・態度」、さらには「思考・判断・表現」の観点など、多面的に児童生徒の学習状況を把握し、各観点からみた児童生徒の学びをそれぞれにかかわりあわせながら、計画的に「生きる力」に結びつけ、教育の成果としていくこ

序説

とが大切である。

　教育の成果については、研究において整理・提言された「体系的な学習評価のPDCAサイクル概念図」において、学習状況の評価は個々の児童生徒の単元や学期、さらには年間の総括的評価に結びつくことが示されている。すなわち、学習評価は、児童生徒の学びを学校における教育の成果として、分析的に見定めるものであるということができる。

　学校における教育の成果を可能な限り高めることは教育活動の普遍的な目標である。

　教育の成果の一つとして、卒業後の進路先の状況等について語られるときがあるが、児童生徒の学びを多面的にみて、どのような学びが自立と社会参加につながったのか、分析的に明らかにしていくことにより、特別支援学校で学ぶ児童生徒の様々な可能性が広がっていくと考えられる。

　研究協力機関の実践からは、「学習評価の観点を基に、児童生徒の学習活動と期待される姿を想定した評価規準を設定することにより、目標や指導内容、手立ての妥当性、信頼性を意識した具体的な授業改善につながった」（第Ⅱ章第5節第1項（2）「研究協力機関の実践のまとめと考察」より引用）ことが定性的に指摘されている。ここでの期待される姿とは、まさに児童生徒の可能性を示すものである。

　可能性について、特別支援学校学習指導要領「教育課程の実施等に当たって配慮すべき事項」の項目において、「児童又は生徒の良い点や可能性、進歩の状況などについて積極的に評価する……」と記されている（文部科学省, 2009）。「可能性」について言及しているのは、特別支援学校学習指導要領の特徴であるが、この背景として、発達の遅れている側面や改善の必要な障害の状態などだけに着目するのではなく、多様な観点から児童生徒を捉えることが必要であることがある。

　この「可能性」を分析的に見いだすためには、児童生徒の達成しそうな力を見定められる細かな評価規準の設定が必要である。例えば単元ごとに、観点別の評価規準が設定されていれば、単元における児童生徒の学習すべき到達目標を明確にすることができるとともに、もう少しで達成できそうな課題などを多面的に見いだせるため、具体性・実現性のある指導目標の設定につながると考えられる。

2 学びの文脈をつくる上での学習評価

　国立教育政策研究所の研究成果（国立教育政策研究所，2014）では、資質・能力育成のための授業づくりや教育課程編成の視点として「子供は有意味な文脈で学ぶ」ことが指摘されている。学ぶことの目的や自分にとっての「意味」や「関連性」をつかむことができると学びやすくなるとしている。

　このような指摘は、知的障害教育における単元計画を作成する際にも、十分に留意しなくてはならい点でもある。単元計画の中で取り上げる題材や内容の必然性が、児童生徒の生活上の目標や経験に基づいたものであるかなどによっても、児童生徒の学習への関心・意欲や理解は異なってくるであろう。

　特に生活単元学習などの各教科等を合わせた指導においては、広範囲に各教科等の内容が取り扱われることから、児童生徒の学びの文脈をしっかりと指導計画の中で想定しておかなければならない。

　学びの文脈を想定するためには、学習評価が重要な役割を果たしていくといえる。一つの学習活動を通して児童生徒がどのような力を付けることができるのか、その学びを想定して見定めていくことにつながるからである。

　本書における実践報告（第Ⅱ章）の中では、児童生徒が身に付ける力を目標として、どのように学習に取り組み、何を学ぶための授業であるのかを確認しながら、単元全体を通した評価規準の設定を行っている。何を学ぶための授業であるのか、「関心・意欲・態度」、「思考・判断・表現」、「技能」、「知識・理解」のそれぞれの観点から設定された評価規準により、児童生徒の学ぶ文脈が、指導計画の中で明確になっている特徴がある。

3 根拠ある教育課程編成に資する学習評価

　知的障害特別支援学校の各教科等の年間授業時数は、学校の教育目標を達成するために、それぞれの学校において、各教科等の必要な年間授業時数が定められ、特色ある教育課程編成がなされている。

　小学校や中学校等の各教科のように標準授業時数が学習指導要領によって定められていないが、各教科の年間授業時数を設定する場合においても、指導計画の中で、複数の単元計画のまとまりが、年間に必要な各教科の授業時数として計上できるようにしていくことが必要である。図1は、各教科等の年間授業時数の考え方を例として示したものである。

　指導計画作成の段階で計画されていた単元計画に基づき、児童生徒の学びが単元の目標にどの程度達成できているのか、見定める役割を果たすのが、学習

序説

評価である。単元の目標に達成するためには、もう少し同じ単元に時間をかければ達成できる内容なのか、逆に一つの単元に時間をかけすぎていないかなど、児童生徒の学習状況から随時、年間指導計画の指導時数を見直し、修正等をかけていく動的な取組をとおして、その実績に基づき、次年度の教育課程編成に必要な年間授業時数の根拠としていくことが必要である。

　図2は、本研究成果である「体系的な学習評価のPDCAサイクル概念図」を参考に、単元計画と年間指導計画の流れの要点を絞り図式化したものである。

　学習評価が、教育活動のすべての局面において重要な役割を果たし、学習評価そのものの精度を高めていくことは、単元計画の指導目標の精度を高めていくことと連動していることを改めて確認することが必要である。

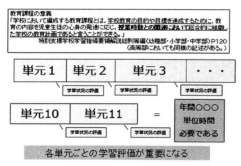

図1　各教科等の年間総授業時数における考え　　図2　学習評価と単元の指導目標

（「体系的な学習のPDCAサイクル概念図」を参考に作成）

4 学習評価の在り方～自己の学びを振り返り、学習意欲を高めていく

　単元ごとの学習評価を行っていくにあたり、評価規準の設定が重要となってくるが、評価規準の項目を、児童生徒と共有しながら、児童生徒が自己評価できるようにする取組も、主体的な学習を促進する観点からますます重要となってくるであろう。

　本書の基となった国立特別支援教育総合研究所専門研究B「知的障害教育における組織的・体系的な学習評価の推進を促す方策に関する研究－特別支援学校（知的障害）の実践事例を踏まえた検討を通じて－」研究成果報告書（第5章第1節第5項）においては、ルーブリック評価表を取り入れた報告がなされている。ルーブリック評価表とは、文章化された評価規準に対してどの程度達成しているのか見定めるための評価基準を表にしたものである。この実践を通して、児童生徒が自ら達成すべき目標を明確に意識しやすくなった点や自らよ

く考え、自己評価を行う児童生徒の様子が指摘されている。

　一方、課題として、児童生徒の理解や認識の程度により、目標を意識化できない場合もあるため、授業構成の工夫が必要であることやルーブリック評価表の評価基準の程度が難しすぎたり、逆に平易であったりすると、児童生徒の学習意欲が低下する可能性があることが考察されている。

　すなわち、授業における児童生徒の学びの文脈をつくることの大切さや児童生徒の実態に基づく目標設定の重要性が指摘されている。これらのことを工夫・改善することにより、小学部、中学部段階の児童生徒においても、それぞれの実態に応じて、自らの学びを振り返りながら（自己評価）、目標意識や学習意欲を向上させていくことができると考えられる。

　さらに、知的障害教育においては、以前から、児童生徒の学習過程を重視し、興味・関心や取り組む意欲を重視した包括的な評価が行われてきている。さらに、「思考・判断・表現」などの観点からも、その学習過程を分析的に評価することにより、児童生徒が身に付けている力を基にして、「どのようなことができる可能性があるのか」、「どのような課題が解決できるのか」などの、持てる力やその可能性がより明確になると考えられる。今後、学習過程を含めて学習評価できる指導計画や授業構成の工夫がより一層重要になってくるであろう。

　本書や基となる研究の成果は、全国から抽出された研究協力機関の実践や全国的な質問紙調査結果から、知的障害教育における組織的な学習評価の在り方やその促進のための方策について言及したものであるが、特別支援学校（知的障害）における「カリキュラム・マネジメント」についても参考に資することができる。

　今後、本書に基づき、特別支援学校（知的障害）の児童生徒の育成を目指す資質・能力及びそれに向けた教育課程編成の視点などについて、各学校の研究の取組が期待される。

序　説

【参考文献・引用文献】
1）中央教育審議会「初等中等教育における教育課程の基準等の在り方について」
　　（26 文科初第 852 号）2014 年 11 月 20 日
2）文部科学省特別支援学校学習指導要領解説総則等編（幼稚部・小学部・中学部）
　　平 2009 年 6 月（P.244）同（高等部）2009 年 12 月（P.411）
3）文部科学省特別支援学校小学部・中学部学習指導要領 P.48 高等部学習指導
　　要領 2009 年 3 月（P.109）
4）国立教育政策研究所「平成 25 年度プロジェクト研究調査研究報告書　教育課程の編成に関する基礎的研究　報告書 7　資質や能力の包括的育成に向けた教育課程の基準の原理」2014 年 3 月
　　（P.200）

第Ⅰ章 理論編

　本章では、全編を通して、国立特別支援教育総合研究所が「学習評価」を研究テーマとして取り上げた背景や検討の経過、研究を通して明らかとなった組織的・体系的な学習評価の推進に関わる理論を中心に述べていきます。

　最初に具体的な実践について知りたい方は、「第Ⅱ章　実践編」を先にお読みいただいた後で、本章をお読みいただけると、研究上の課題意識や各学校（研究協力機関）の実践を通して、何が明らかとなったのかについて深くご理解いただけるものと考えます。

第1節　研究の概要
第2節　知的障害教育における学習評価の意義と課題
第3節　研究において検討した四つの柱
第4節　研究から得られた知見と今後の実践に向けた課題

第 1 節　研究の概要

1 研究の背景と目的

　平成22年3月に中央教育審議会は、「児童生徒の学習評価の在り方について」報告を行いました（中央教育審議会，2010．以下「中教審報告（2010）」と記す場合、この報告のことを示す。）そこでは、「学習評価とは、学校における教育活動に関し、児童生徒の学習状況を評価するものである」と定義した上で、学習評価を踏まえた教育活動の改善の重要性については、「各学校における学習評価は、学習指導の改善や学校における教育課程全体の改善に向けた取組と効果的に結び付け、学習指導に係るPDCAサイクルの中で適切に実施されることが重要である」としています。また、知的障害のある児童生徒に対する指導を行う場合には、児童生徒一人一人の実態に即して、「個別に指導目標や指導内容を設定し、個別に評価することになる」が、「設定する指導目標や指導内容については、その妥当性の向上に十分配慮する必要がある」と述べられています。

　これに対して、国立特別支援教育総合研究所知的障害教育研究班が予備的・準備的研究として行った平成24年度専門研究D「特別支援学校（知的障害）における学習評価の現状と課題の検討（予備的・準備的研究）」の調査結果では、評価の観点を定めて学習評価を行っている学校がある一方で、共通の観点を定めたり、評価の時期、方法を共有化したりするなどの組織的な取組にまでは必ずしも至っていない学校が多いことが明らかになりました（国立特別支援教育研究所，2012）。個々の回答状況をみると、授業ごとや、一つの単元ごとに学習評価は行われているものの、相互の関連付けや、年間指導計画に基づく総括的な学習評価との結び付きが明確になっていない点もうかがわれる状況にありました。

　こうした点を踏まえて、平成25年度-26年度に設定した研究では、知的障害教育における組織的・体系的な学習評価の推進を促す方策を明らかにすることを目的に、特別支援学校（知的障害）の実践事例を踏まえた検討を通して研究を進めることとしました。具体的には、①観点別学習評価の在り方、②学習評価を学習指導の改善に活かすための工夫、③学習評価を児童生徒への支援に活用する工夫、④組織的・体系的な学習評価の推進を促す方策の四つについて検討することとしました。

第Ⅰ章　理論編

　この研究により、我々は、評価の観点を定めた学習評価の方法の工夫、組織的・体系的に行う学習評価のPDCAサイクルといった学習評価の実施方法や活用等の在り方について提示することができると考えました。同時にこの研究により、特別支援学校（知的障害）において組織的・体系的な学習評価を進めるために必要な情報を提供することにより、目標設定や指導内容・方法の妥当性が高まり、これからの時代に必要となる「育成を目指す資質・能力」を踏まえた教育活動の充実が図られることを期待するものであります。研究協力機関を特別支援学校（知的障害）としましたが、ここで得られた知見をもとに検討を加えることにより、特別支援学級における学習評価の進め方の参考資料にもなると考えて研究を進めました。

2　研究の全体構造

　本研究の全体構造を図1-1-1に示しました。なお、研究の推進にあたっては、文献研究や研究協力機関への訪問による聞き取りのほか、研究協力者及び研究協力機関との研究協議会を各年2回実施し、データの収集と分析や検討を行いました。

（1）研究の背景と問題の検討－学習評価に関連する言葉や概念の整理と「体系的な学習指導のＰＤＣＡサイクル概念図」の作成－

　本研究では、学習評価について共通の言語で議論するために、学習評価に関連する言葉や概念の整理に最初に取り組みました。合わせて、中央教育審議会の報告や学習指導要領における学習評価に関する記述と照らし合わせて、知的障害教育における学習評価の意義について検討を行いました。その際に、先行研究となる国立特別支援教育研究所（2012）の結果も参考にしました。

　次に、学習評価に関連する言葉や概念の整理をもとに、「体系的な学習評価のPDCAサイクル概念図」（図1-1-2）を作成しました。この理由については、中教審報告（2010）で、「学習評価は、児童生徒の学習状況を検証し、結果の面から教育水準の維持向上を保障する機能を有するものである」とした上で、「各学校における学習評価は、学習指導の改善や学校における教育課程全体の改善に向けた取組と効果的に結びつけ、学習指導に係るPDCAサイクルの中で適切に実施されることが重要である」としていたからです。このPDCAサイクルには、どのような要素が含まれているのかを具体的に明らかにすることが必要であると考えました。そして、「Plan」では、学校教育目標を受けた教

第1節　研究の概要

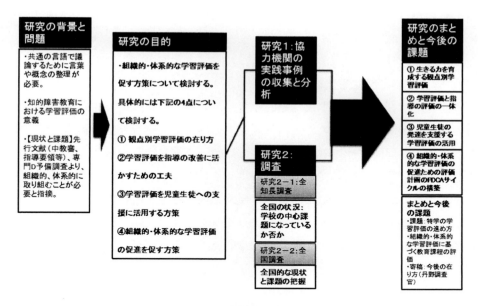

図 1-1-1 本研究の全体構造

育課程の編成・年間指導計画・単元計画・単元の目標・評価規準や評価計画も含めた指導計画の作成、「Do」では、指導計画・評価計画を踏まえた教育活動の実施、「Check」では学習状況の評価・授業の評価・指導の評価、「Action」では、授業改善・指導計画の改善・個に応じた指導の充実という個々の要素を具体的に組み込んだPDCAサイクルを図に表しました。この図に、本研究において検討を進める四つの柱（①観点別学習評価の在り方、②学習評価を学習指導の改善に活かすための工夫、③学習評価を児童生徒への支援に活用する工夫、④組織的・体系的な学習評価の推進を促す方策）を位置付けて、関連を示して整理しました。これを図1-1-2に示します。

（2）研究協力機関における実践事例の収集と分析

　研究協力機関より収集した特色のある取組について、取組の背景や学習評価が十分に機能している要因等を分析すると同時に課題となる点を明らかにして、本研究において検討する四つの柱との関連を整理しました。そのことをもとに組織的・体系的な学習評価の推進を促す方策について検討を進めました。具体的な聞き取りの内容は研究協力機関における評価の観点の設定や評価方法の工夫、学習評価のPDCAサイクルなどについてです。これらの収集した実践事例の分析から、組織的・体系的な学習評価を進めるために参考となる事

第Ⅰ章　理論編

項を明らかにしました。なお、本書では、実践事例について「第Ⅱ章 実践編」にまとめて掲載しています。

（3）学習評価に関する全国調査

本研究では、特別支援学校（知的障害）を対象に、組織的・体系的な学習評価の推進を促す方策について質問紙調査を実施して、学習評価の実施状況を明らかにすると同時に今後の促進の在り方について検討を行いました。これらのことにより、学習評価に関わる様々な要因を明らかにし、学習評価を組織的・体系的に行う際の考え方や工夫すべき要因を検討しました。本書では、全国調査の概略についてコンパクトにまとめ、巻末に資料として掲載しましたので、詳細については、国立特別支援教育総合研究所のホームページよりダウンロードしてご覧ください。

【http://www.nise.go.jp/cms/resources/content/11392/20160224-112258.pdf】

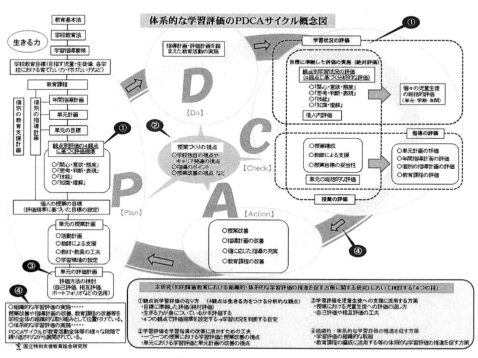

図1-1-2 体系的な学習評価のPDCAサイクル概念図

（4）研究のまとめと今後の課題

上記（2）及び（3）の研究結果を元に、①観点別学習評価の在り方、②学習評価を学習指導の改善に活かすための工夫、③学習評価を児童生徒への支援に活用する工夫、④組織的・体系的 な学習評価の推進を促す方策の4本の柱ごとに考察し、今後の課題についてもあわせて検討しました。

3 研究体制等

研究体制については、以下の体制で進めてまいりました。所属や職名については、平成26年当時のものを掲載しています。

研究体制

1. 研究分担者
   尾崎　祐三　（教育支援部　上席総括研究員）
   松見　和樹　（教育研修・事業部　主任研究員）
   涌井　恵　　（教育情報部　主任研究員）
   武富　博文　（教育支援部　主任研究員）
   横尾　俊　　（教育支援部　主任研究員）　　平成26年度
   神山　努　　（企画部　研究員）

2. 研究協力者
   丹野　哲也　（文部科学省初等中等教育局特別支援教育課
   　　　　　　　特別支援教育調査官）
   名古屋　恒彦　（岩手大学教育学部特別支援教育科　教授）
   竹林地　毅　（広島大学大学院教育学研究科　准教授）
   菊地　一文　（青森県教育庁学校教育課特別支援教育推進室
   　　　　　　　指導主事）
   菅野　敦　　（東京学芸大学教育実践研究支援センター　教授）
   　　　　　　　　　　　　　　　　　　　　　　　　平成26年度
   山中　ともえ　（調布市立調和小学校　校長）　　平成26年度
   佐藤　秀一　（八王子市立愛宕小学校　校長）　　平成26年度
   長江　清和　（埼玉大学教育学部附属特別支援学校　副校長）
   　　　　　　　　　　　　　　　　　　　　　　　　平成26年度

3. 研究協力機関
   岩手大学教育学部附属特別支援学校
   福島県立いわき養護学校
   千葉県立八千代特別支援学校
   千葉県立特別支援学校流山高等学園
   静岡県立袋井特別支援学校
   京都府立舞鶴支援学校
   広島県立庄原特別支援学校
   愛媛大学教育学部附属特別支援学校
   鹿児島大学教育学部附属特別支援学校　平成26年度

第Ⅰ章　理論編

第2節　知的障害教育における学習評価の意義と課題

❶ 中教審報告（2010）で指摘された学習評価に関する課題
（1）学習評価に関する課題と本研究で検討する課題

　ここでは、中教審報告（2010）での記述内容を基に、学習評価に関する課題を整理します。以下に「　」で示した内容は、中教審報告（2010）の記述の引用を示しています。

　中教審報告（2010）によれば、「学習評価とは、学校における教育活動に関し、児童生徒の学習状況を評価するものである」としています。そして、学習指導要領は、「指導の面から全国的な教育水準の維持向上を保障するものであるのに対し、学習評価は、児童生徒の学習状況を検証し、結果の面から教育水準の維持向上を保障する機能を有するもの」であるとしています。また、「学習評価を踏まえた教育活動の改善の重要性」については、「各学校における学習評価は、学習指導の改善や学校における教育課程全体の改善に向けた取組と効果的に結び付け、学習指導に係るPDCAサイクルの中で適切に実施されることが重要である」としています。

　このように学習評価に関して中教審報告（2010）で述べられたことを受け、国立特別支援教育総合研究所の研究では、組織的・体系的な学習評価の推進を促す方策について検討することとしました。

　中教審報告（2010）では、学習評価の現状に関しても言及しており、「現在、各教科については、学習状況を分析的にとらえる観点別学習状況の評価と総括的にとらえる評定とを、学習指導要領に定める目標に準拠した評価として実施することが明確にされている」としています。さらに、「観点別学習状況の評価や評定には示しきれない子どもたち一人一人のよい点や可能性、進歩の状況について評価する個人内評価がある」とも述べています。そして、特別支援学校における学習評価の基本的な考え方については、「基本的に小・中・高等学校における学習評価の考え方と変わらないが、実際の学習評価に当たっては、児童生徒の障害の状態等を十分理解し、児童生徒一人一人の学習状況を一層丁寧に把握する工夫が求められる」としています。さらに、障害のある児童生徒の学習評価に係る基本的な考え方として、「学習指導要領に定める目標に準拠して評価を行うことや個人内評価を重視すること、学習指導と学習評価とを一

第2節　知的障害教育における学習評価の意義と課題

体的に進めること、指導目標や指導内容、評価規準の設定においては一定の妥当性が求められることなど、障害のない児童生徒に対する評価の考え方と基本的に変わりがない。したがって、障害の状態等に即した適切な指導や評価上の工夫は必要であるが、一方で、評価そのものへの信頼性にも引き続き十分配慮することが求められる」と述べられています。したがって、研究で対象とする知的障害教育においても、特別支援学校学習指導要領の知的障害教育の各教科の目標に準拠した学習評価を行うようにするなど、評価そのものの信頼性を高めていく方策についても検討することとしました。

　また、知的障害のある児童生徒に対する指導を行う場合について、中教審報告（2010）では、「児童生徒一人一人の実態に即して、個別に指導目標や指導内容を設定し、個別に評価することになるが、設定した指導目標が高すぎたり、指導内容が具体性を欠いたりするなどにより、結果として、効果的な指導につながらないことも考えられる」と述べられ、さらに、「このため、設定する指導目標や指導内容については、その妥当性の向上に十分配慮する必要がある」と述べられています。したがって、個別に設定された指導目標や指導内容に基づいて評価を行うことについても、その妥当性を高めるための方策について検討することとしました。

　そして、学習評価を踏まえた教育活動の改善の方策として、中教審報告（2010）では、学習指導に係るPDCAサイクルの中で学習評価を実施する内容についても述べています。すなわち、まず、「教育課程の編成やそれに基づいた学習指導の目標や内容のほかに、評価規準や評価方法等、評価の計画も含めた指導計画を組織的に作成」すること（Plan）。そして、この「指導計画を踏まえた教育活動を実施」すること（Do）、「児童生徒の学習状況の評価、それを踏まえた授業や指導計画等の評価」（Check）、「評価を踏まえた授業改善や個に応じた指導の充実、指導計画等の改善」（Action）といった、PDCAサイクルを確立することが重要であるとしています。

　以上を踏まえて、研究では、中教審報告（2010）で指摘されている知的障害教育の学習評価に関わる課題を解決することを目的に研究を進めることとしました。より具体的には、学習指導要領に定める目標に準拠して評価を行うことや個人内評価を重視すること、指導目標や指導内容、評価規準等の妥当性、個別の指導目標や指導内容の妥当性の向上に配慮すること、学習指導と学習評価とを一体的に進めること、評価計画を含めた学習指導に係るPDCAサイクルを確立することが課題であると捉えて研究を進めることとしました。

第Ⅰ章　理論編

（2）学習評価に関わる用語の整理

本研究では、学習評価に関わる用語を中教審報告（2010）にある定義や使用例に基づいて使用することとしました。そうすることで、研究分担者、研究協力機関の教員、研究協力者間で学習評価に関わる用語の共通理解に基づいて議論をすることができると考えたからです。

以下の表は、学習評価について論じられている中教審報告（2010）等で記述されている文言を基に、学習評価に関わる用語を整理したものです。

表1-2-1 学習評価に関わる用語について

用語	「定義」及び用例
学習評価	「学校における教育活動に関し、児童生徒の学習状況を評価するもの」
学習評価の機能	学習評価は、児童生徒の学習状況を検証し、結果の面から教育水準の維持向上を保障する機能を有するもの
目標に準拠した評価	学習状況を分析的にとらえる観点別学習状況の評価と総括的にとらえる評定とを、学習指導要領に定める目標に準拠した評価として実施（いわゆる絶対評価）
集団に準拠した評価	学級・学年など集団の中での相対的な位置付けに関する集団に準拠した評価（いわゆる相対評価）
個人内評価	観点別学習状況の評価や評定には示しきれない子どもたち一人一人のよい点や可能性、進歩の状況について評価
昭和52年の各教科の評価の観点	学習指導要領の改訂に伴う指導要録の見直しの際、各教科の評価の観点として「関心・態度」が共通に示された
平成元年の各教科の評価の観点	「自ら学ぶ意欲の育成や思考力、判断力などの能力の育成に重点を置くことが明確になるよう」、基本的には「関心・意欲・態度」、「思考・判断」、「技能・表現（又は技能）」及び「知識・理解」で構成すること
平成13年の各教科の評価の観点	教科を通じ基本的には「関心・意欲・態度」、「思考・判断」、「技能・表現」、「知識・理解」（以下「評価の4観点」という。）で構成すること
平成22年の各教科の評価の観点	基本的には、基礎的・基本的な知識・技能については「知識・理解」や後述する「技能」において、それらを活用して課題を解決するために必要な思考力・判断力・表現力等については「思考・判断・表現」において、主体的に学習に取り組む態度については「関心・意欲・態度」においてそれぞれ評価を行うこととして整理
評価規準（いわゆる「のりじゅん」）	「学習指導要領の目標に基づく幅のある資質や能力の育成の実現状況の評価を目指す」（文部省「小学校教育課程一般」指導資料」（平成5年9）もの

	研究では、評価規準を「評価の観点によって示された児童生徒に付けたい力をより具体的に単元ごとに文章化したもの」とする
評価基準（いわゆる「もとじゅん」）	「十分満足できる」状況にあるか、「おおむね満足できる」状況にあるか、「努力を要する」状況にあるかを評価 研究では、「評価規準で示された付けたい力の習得状況の程度を明示するための指標を、数値や記号、又は、文章表記とする量的な評価」とする
「関心・意欲・態度」とは	各教科が対象としている学習内容に関心を持ち、自ら課題に取り組もうとする意欲や態度を児童生徒が身に付けているかどうかを評価するもの
「思考・判断・表現」とは	各教科等で習得した知識・技能を活用して課題を解決するために必要な「思考力・判断力・表現力」を児童生徒が身に付けているどうかを評価するもの
ここでの「表現」とは	基礎的・基本的な知識を活用しつつ、各教科等の内容等に即して、思考・判断したことを、記録、要約、説明、論述、討論といった言語活動等を通じて評価するもの
「技能」とは	各教科等において習得すべき「技能」を児童生徒が身に付けているかどうかを評価するもの
「知識・理解」とは	各教科等において習得すべき知識や重要な概念等を、児童生徒が身に付けているかどうか評価するもの
特別支援学校の学習評価	実際の学習評価に当たっては、児童生徒の障害の状態等を十分理解し、児童生徒一人一人の学習状況を一層丁寧に把握する工夫が求められる
学習評価の「妥当性」	評価結果が評価の対象である資質や能力を適切に反映しているものであることを示す概念
「妥当性」の確保	評価結果と評価しようとした目標の間に関連性があること（学習評価が学習指導の目標（学習指導要領等）に対応するものとして行われていること）、評価方法が評価の対象である資質や能力を適切に把握するものとしてふさわしいものであること等が求められる
学習評価と指導の評価を一体的に行う意義	従前、指導と評価の一体化が推進されてきたところであり、今後とも各学校における学習評価は、学習指導の改善や学校における教育課程全体の改善に向けた取組と効果的に結び付け、学習指導に係るPDCAサイクルの中で適切に実施されることが重要である

第Ⅰ章　理論編

❷ 特別支援学校学習指導要領で求められる学習評価

　特別支援学校小学部・中学部学習指導要領（2009）では、総則の指導計画の作成等に当たって配慮すべき事項の（12）に「児童又は生徒の良い点や可能性、進歩の状況などを積極的に評価するとともに、指導の過程や成果を評価し、指導の改善を行い、学習意欲の向上に生かすようにすること」と記されています。このことは、学習状況の評価と指導の評価により指導の改善を行い、学習意欲の向上に生かすことを求めていると考えられます。なお、小学校や中学校、高等学校、特別支援学校高等部学習指導要領でも、「児童又は生徒」の言い回しが異なりますが、同文の記述があることに留意しなければなりません。

　特別支援学校学習指導要領解説総則編（2009）では、「基礎的・基本的な知識・技能の確実な定着」や「知識・技能を活用して課題を解決するために必要な思考力・判断力・表現力等を育成」するためには「評価の在り方が大切である」として、「一人一人の学習の成立を促すための視点」を重視して、「指導の改善に生かしていくことが特に大切である」としています。これは、特別支援学校学習指導要領総則（2009）の教育課程の編成の第１一般方針１で述べられている「児童又は生徒に生きる力を育むことを目指し」、教育活動を展開する中で、「基礎的・基本的な知識及び技能を確実に習得させ、これらを活用して課題を解決するために必要な思考力、判断力、表現力その他の能力をはぐくむ」ことや「主体的に学習に取り組む態度」を養うことと関連付けているものと考えます。したがって、生きる力をはぐくむための「知識・技能」、「思考力・判断力・表現力等」、「主体的に学習に取り組む態度」は、学力の重要な要素であり、それらの学力を身に付けているかを評価し、指導の改善に学習評価を積極的に生かすことが求められていると考えられます。

　また、同解説では、「他者との比較ではなく児童生徒一人一人のもつよい点や可能性などの多様な側面、進歩の様子などを把握し、学期や学年にわたって児童生徒がどれだけ成長したかという視点を大切にすることが重要」と記されています。これは、同学習指導要領本文（12）の前半部分を受けていますが、本文の「進歩の状況を積極的に評価し」と表している部分を同解説では「進歩の様子などを把握し」と言い換えているものです。すなわち、日々の児童生徒一人一人の様子を把握し、学期や学年にわたって成長がどれくらいあったのかを評価することが求められていると考えられます。

　そして、同解説では「学習の過程の適切な場面で評価を行うこと」や、「児童生徒による相互評価や自己評価などを工夫すること」、「特に自己評価は学習

第 2 節　知的障害教育における学習評価の意義と課題

意欲の向上につながる」とも記されています。このことは、授業の中で形成的評価を行ったり、自己評価をする時間を設けたりして、学習意欲を高めるようにすることが求められていると考えられます。

　したがって、本研究においても、学習と指導の評価による指導の改善、生きる力をはぐくむ学力を評価するための工夫、日々の様子の把握の積み上げと成長の評価の方法、相互評価や自己評価の工夫についても検討する必要があると考えて、研究を進めてきました。

❸ 知的障害教育において観点別学習状況の評価を取り入れることの意義

　現行の学習指導要領（2008 年改訂）は、児童生徒の「生きる力」の育成を掲げています。文部科学省が平成 22 年 8 月に示した現行学習指導要領の「生きる力」のリーフレットでは、「生きる力」とは、知・徳・体のバランスのとれた力であるとして、変化の激しいこれからの社会を生きる子どもたちに身に付けさせたい「確かな学力」、「豊かな人間性」、「健康と体力」の三つの要素からなる力であると説明しています。また、「生きる力」を育む要素の一つである「確かな学力」は、知識や技能だけでなく、学ぶ意欲や自分で課題を見つけ、自ら学び、主体的に判断し、行動し、よりよく問題解決する資質や能力等まで含めたものであるとしています。この「確かな学力」については、改正教育基本法（2006 年）に伴う学校教育法改正（2007 年）で第 30 条 2 項に示されています。すなわち、学校教育を行うに当たり、「生涯にわたり学習する基盤が培われるよう、基礎的な知識及び技能を習得させるとともに、これらを活用して課題を解決するために必要な思考力、判断力、表現力その他の能力をはぐくみ、主体的に学習に取り組む態度を養うことに、特に意を用いなければならない」と学力の概念が規定され、学力の要素を①基礎的・基本的な知識・技能、②知識・技能を活用して課題を解決するために必要な思考力・判断力・表現力等、③主体的に学習に取り組む態度、として重要な三つの要素で示しています。

　このことを受けて、中教審報告（2010）では、「新しい学習指導要領においても『生きる力』の理念を引きついでいること等をかんがみれば、〜中略〜改訂の趣旨を反映し、学習指導と学習評価の一体化を更に進めていくため、学力の 3 つの要素を踏まえて評価の観点に関する考え方を整理することとする」として、「評価の観点について、基本的には、基礎的・基本的な知識・技能については『知識・理解』や『技能』において、それらを活用して問題を解決する

第Ⅰ章　理論編

ために必要な思考力・判断力・表現力等については『思考・判断・表現』において、主体的に学習に取り組む態度については『関心・意欲・態度』においてそれぞれ評価を行うこととして整理する」としています。「生きる力」を支える一つである「確かな学力」をはぐくむ学力の三つの要素を踏まえた、「関心・意欲・態度」、「思考・判断・表現」、「技能」、「知識・理解」のいわゆる観点別学習状況の評価の4観点は、「生きる力」を評価する観点であると考えられ、これらの分析的観点を基に学習状況を評価することは、児童生徒一人一人の「生きる力」がどのくらい身に付いたかを評価することであると考えます。知的障害教育においても、中教審報告（2010）において「学習評価の考え方は、基本的には小・中・高等学校における学習評価の考え方と変わらない」と示されているように、学力の三つの要素を踏まえた観点別学習状況の評価の観点を基に「生きる力」がどのくらい身に付いたかを評価することは可能であると考えます。

　また、現在、次の学習指導要領改訂に向けた議論が中央教育審議会教育課程部会を中心に行われていますが、そこでの議論では、育成すべき資質・能力の3本の柱に即して観点を整理して学習状況の評価を行うことが議論されています。この議論においても観点の表し方は各教科等の特性を踏まえて検討が行われるものの、分析的な観点を用いることによって教育活動の目的となる「育成を目指す資質・能力」や「生きる力」が確かに育っているかどうかを評価するといった趣旨は変わらず、学習状況の評価を基盤とすることでカリキュラム・マネジメントを促進していく重要性についても触れられています。

　さらに、中教審報告（2010）では「各教科については、学習状況を分析的にとらえる観点別学習状況の評価と総括的にとらえる評定とを、学習指導要領に定める目標に準拠した評価として実施する」としています。知的障害教育においては、各教科の目標が独自に示されているので、学習指導要領に定める目標に準拠した評価をする意義についても検討する必要があります。例えば、知的障害教育の小学部算数の目標は「具体的な操作などの活動を通して、数量や図形などに関する初歩的なことを理解し、それらを扱う能力と態度を育てる」と示されています。この目標について、学習状況を分析的にとらえる観点は、「具体的な操作」は「技能」、「初歩的な理解」は「知識・理解」、「それらを扱う能力」は「思考・判断・表現」、「態度を育てる」は「関心・意欲・態度」とそれぞれ関係することが分かります。

　このように、知的障害教育における学習指導要領の各教科の目標は、生活に

第2節 知的障害教育における学習評価の意義と課題

生かすなど「育成を目指す資質・能力」や「生きる力」につながる目標や内容で構成されており、単元の目標を基に、観点別学習状況の評価の観点で評価規準を作成して授業を実践し、学習状況を分析的な観点により評価することは可能であり、知的障害教育においても「育成を目指す資質・能力」や「生きる力」が身に付いているかどうかを評価するために、観点別学習状況の評価の観点を用いて学習状況を分析的に評価する意義は、今後も含めて、ますます重要になってくるものと考えられます。

4 先行研究（国立特別支援教育総合研究所，2012）における知的障害教育における学習評価の現状と課題

特総研では、先行研究として「専門研究D 特別支援学校（知的障害）における学習評価の現状と課題の検討（予備的、準備的研究），2012」を行いました。この研究では、特別支援学校（知的障害）における学習評価の現状と課題を明らかにするために、観点別学習評価の実施や、学習評価を教育活動の改善にどのように活用しているのかについて三つの調査を行いました。

一つめの調査では、平成24年度に全国特別支援学校知的障害教育校長会（以下、全知長と表記）に加盟する加盟校658校を対象として、全知長が毎年実施する「情報交換資料」の項目に、本調査の質問項目を取り入れて実施しました。

学習評価に関する校内研究での取組の有無や内容、学習評価の観点設定の有無とその内容について尋ねたところ、学習評価の観点が学校全体で共通しているという回答が最も多かった一方で、学習評価の観点を設定していないという

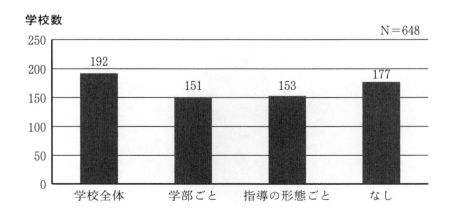

図1-2-1 調査1における学習評価の観点の共通設定の状況の結果

第Ⅰ章　理論編

回答が次いで多くなっている結果が示されました。その他に、平成24年度に学習評価についての校内研究に取り組んだ学校は約3割であったことや、学習評価と通知表が一体化した学校が約7割であったことが示されました。

　二つめの調査では、平成24年度国立特別支援教育総合研究所第一期特別支援教育専門研修知的障害教育専修プログラム受講者のうち特別支援学校（知的障害）に勤務する者53名を対象として、2件～5件法または自由記述による質問項目で構成される質問紙を郵送して実施しました。その結果からは、最も重要と考える学習評価の観点が「関心・意欲・態度」と回答されたことや、その一方で最も評価しにくいと回答された観点も「関心・意欲・態度」であることなどが示されました。その他に、国語及び算数・数学と各教科等を合わせた指導で学習評価の観点が異なる傾向にあることや、学部内で学習評価の方法が統一されていないという回答が半数以上であった一方で、学部内での学習評価の方法の統一性が必要であるという回答が8割以上であったことが示されました。

　三つめの調査では、前述の二つの調査から学習評価に関する研究や実践を推進していることが明らかとなった10校を対象として、聞き取り調査を行いました。校内研究において学習評価を主題に挙げていなくとも、校内研究の一部（自閉症の指導、キャリア教育）に学習評価を扱っている学校があったことや、授業改善や個別の指導計画の見直しに学習評価を活用している学校はありましたが、教育課程の改善に十分に活用している学校は少ないことが明らかとなりました。また、学習評価の観点、方法、活用の方法が校内で十分に統一されていると回答した学校がなかったことや、学習評価の観点について「関心・意欲・態度」等を用いている学校、キャリア教育などを参考に学校独自の観点がある学校、指導内容表の指導のまとまりを観点としている学校があったことなどが

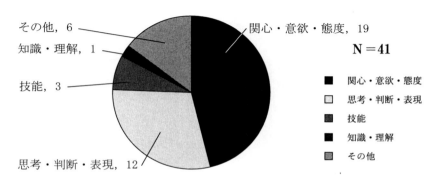

図1-2-2　調査2における回答者が最も重要と考える観点の結果

第2節　知的障害教育における学習評価の意義と課題

示されました。

　以上の三つの調査結果から、学習評価の観点の設定は学校により様々であり、関心・意欲・態度等のいわゆる4観点を設定している学校は少ないことや、独自の観点を設定している学校もあること、また校内でも各教科等で観点が異なる学校もあることが明らかとなりました。今後の課題として、全国的な学習評価の実施状況と課題を明らかにするとともに、観点別評価や評価規準、評価の観点を定めて組織的に学習評価を実施している実践事例などをまとめる必要が考えられました。また、学習評価に基づいた授業改善を実施している学校はいくつか見られましたが、学習評価を単元や教育課程の改善にまでつなげている学校はほとんど見られませんでした。そのため、組織的・体系的な学習評価を進めるための課題を整理して、学習評価の視点から、各学校の教育活動の改善の方策について検討する必要があると考えました。

第Ⅰ章　理論編

第3節　研究において検討した4つの柱

■1 知的障害教育における学習評価のPDCAサイクル

　第2節の知的障害教育における学習評価の意義と課題では、知的障害教育の学習評価に関わる課題として、目標に準拠した評価、個人内評価の重視、指導目標や指導内容、評価規準の妥当性の向上、個別の指導目標や指導内容の妥当性の向上等が挙げられました。中教審報告（2010）では、学習評価を踏まえた教育活動の改善の方策として、学習指導に係るPDCAサイクルの確立とその中で学習評価を実施することが重要であると示されているように、これらの課題を達成するためには、学習指導に係るPDCAサイクルと関連付けて検討していかなければならないと考えます。そこで、本研究では、まず、知的障害教育における学習指導に係るPDCAサイクルに関する要素を整理しました。次に、これらの要素を基に、知的障害教育の学習評価に関わる課題や先行研究で明らかになった知的障害教育における学習評価の現状と課題を検討したところ、知的障害教育の学習評価に関わる課題を解決するために検討しなければならない柱を四つに整理することができました。そこで、この四つの柱を知的障害教育における組織的・体系的な学習評価の推進を促す方策に関する研究を進める上で、重要な柱と位置付けて整理・検討することとしました。さらに、知的障害教育における学習指導に係るPDCAサイクルの中に四つの柱を位置付けて、「体系的な学習評価のPDCAサイクル概念図」（図1-1-2）を作成しました。

　本節では、知的障害教育における学習評価のPDCAサイクルの作成、研究において検討する四つの柱、知的障害教育における学習評価のPDCAサイクルと四つの柱との関連について解説します。

（1）知的障害教育における学習評価のPDCAサイクルの作成

　中教審報告（2010）では、「各学校における学習評価は、学習指導の改善や学校における教育課程全体の改善に向けた取組と効果的に結び付け、学習指導に係るPDCAサイクルの中で適切に実施されることが重要である」として、「Plan：指導計画等の作成」、「Do：指導計画を踏まえた教育の実践」、「Check：児童生徒の学習状況の評価」、「Action：授業や指導計画等の改善」といった、学習指導に係るPDCAサイクルを示しています（図1-3-1参照）。

第3節 研究において検討した四つの柱

こうしたPDCAサイクルの実施は知的障害教育でも重要であることから、

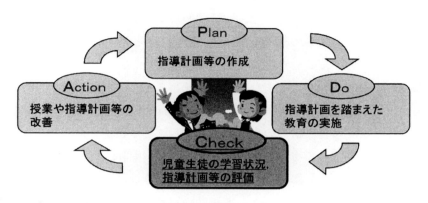

図1-3-1 中教審報告（2010）における学習指導に係るPDCAサイクル（文部科学省）

研究では、中教審報告（2010）で示された学習指導に係るPDCAサイクルを基に、知的障害教育における学習評価に係るPDCAサイクル概念図を作成し、知的障害教育において重要と思われる要素をPDCAの中に示しました。以下、研究で作成した、知的障害教育における学習評価に係るPDCAサイクルとその中で示した要素について解説します。

（2）教育計画作成段階（P）

「P」の部分では、教育基本法から学校教育法、そして学習指導要領を踏まえることをまず記し、教育基本法及び学校教育法に示されている教育の目的や目標の達成を目指すために、学校の具体的な教育目標が示されていることを記しました。各学校では、ここに掲げる目標を達成するような教育を行うため、障害の状態及び発達の段階や特性、地域や学校の実態を十分考慮して、適切な教育課程を編成していることから、教育課程を基に、年間指導計画、単元計画の作成、単元の目標を設定するという流れを示しました（図1-1-2参照）。ここでは、「個別の指導計画」についても、年間指導計画や単元の計画、目標の設定等と並行して設定されると捉えています。

教育計画作成段階で重要となるのが、観点別学習状況の評価の観点の設定と観点別学習状況の評価の観点に基づき、評価規準を設定することです。

観点別学習状況の評価を効果的に実施するためには、観点別学習状況の評価の観点を基にして、単元の目標や内容、児童生徒に付けたい力、育てようとする資質や能力及び態度を踏まえた評価規準を設定する必要があります。特に、

第Ⅰ章　理論編

設定した目標について、児童生徒がどのような学習状況として実現すればよいかを具体的に想定した評価規準を作成することが重要であると考えます。

　評価の観点を基にして設定した単元の評価規準と個別の指導計画において設定した児童生徒一人一人の教育的ニーズに対応した指導目標や指導内容・方法を基に、児童生徒が取り組む授業の個人目標を設定し、単元の授業計画（教師による支援、教材・教具の工夫など）を作成します。その際、学習活動の構想を練るとともに、単元の評価計画（評価方法、自己評価、相互評価、ポートフォリオの活用など）も授業計画の中に位置付けることが必要であると考えられます。評価規準を作成しても、実際の授業実践において評価規準で示した内容の活動がなければ、観点に基づく学習状況を評価することができません。評価の観点を明らかにし、何をどのような方法で評価するのかについて教育計画作成段階で整理しておくことが大変重要であり、評価計画を作成することが必要となります。評価計画を作成することで、授業における教師の支援や教材・教具の工夫、学習環境の設定を整えておくことが可能となり、目標に準拠した児童生徒一人一人の学習状況の評価が実現できると考えます。

（3）指導計画・評価計画を踏まえた教育活動の実施（D）

　「D」は、児童生徒が実際に授業に取り組む上でとても重要な部分であり、ここでの実践をいかに充実させるかということがPDCAサイクルの中では大切になってきます。そのためには、まず、「P」の部分で作成した指導計画や評価計画を踏まえた実践と学習状況の評価が重要になります。

　「D」の段階では、次の2点が重要です。1点めは、授業者同士の目標や評価に関する共通理解です。本時の授業については、児童生徒一人一人の目標や評価の観点についてあらかじめ確認しておく必要があります。この点を共通理解しておかなければ、学習状況の適切な評価ができなくなってしまいます。2点めは、指導計画・評価計画に沿った教師の支援や教材・教具の工夫、学習環境の設定についてです。評価規準で示した内容について、学習状況が評価できるように準備を進めて授業を実施することが必要です。単元の目標の達成状況が把握できる評価方法を工夫し、児童生徒の学習の状況を的確に評価できるようにするということは、例えば、思考・判断・表現に関する評価規準が設定されているならば、児童生徒が思考・判断・表現する場面の設定をして授業を実施するということです。実際の授業では計画通りに進まないことも考えられますが、授業づくりの視点を基に整理した支援の方法や工夫を実践し、児童生徒の

第3節　研究において検討した四つの柱

主体的な取組を促すなど、自ら活躍できる場面を設定して、うまくいったことや進歩したことを積極的に評価していくことが大切です。

（4）学習状況の評価、授業の評価、指導の評価（C）

「C」部分では、「評価」を縦の軸と横の軸で考えて、児童生徒の学習状況の評価を「学習状況の評価」、授業や単元の指導に関わる評価と児童生徒の学習状況の評価を合わせたものを「授業の評価」、授業構成や教師の支援、単元計画や年間指導計画等の指導に関わる評価を「指導の評価」として整理しました。

「学習状況の評価」は、児童生徒の学習状況を分析的にとらえる観点別学習状況の評価を実施するなど、児童生徒の学習状況を捉える評価のことです。ここでは、目標に準拠した学習評価の実施が重要となります。また、児童生徒一人一人のよい点や可能性、進歩の状況について評価する個人内評価も「学習状況の評価」に含まれます。こうした授業における児童生徒個々の学習評価を集積して、それに基づいて、単元や学期、年間での総括的評価を行います。

「授業の評価」は、児童生徒の学習状況の評価から、授業や教師の指導に関わる評価を行うことです。授業構成は適切であったか、教師による支援は適切であったか、といったことに加えて、授業の目標は妥当性であったかについても評価することが必要になります。そして、これらの授業の評価をまとめることで、単元の総括を行います。「授業の評価」では、「授業づくりの視点」と関連させることで、より確かな授業改善につなげていくことができると考えられます。このことは、指導と評価の一体化を進める上で大変重要になります。

「指導の評価」は、授業構成や教師による支援、授業目標の妥当性等の授業の評価を集積して、これらを基に単元計画や年間指導計画、個別の指導計画等の評価を実施することであると整理しました（図1-1-2 P.18参照）。

この「C」の部分では、観点別学習状況の評価の観点に加え、「授業づくりの視点」など、授業に関することや指導方法に関すること等を評価する視点も重要になってくると考えます。ここでは、「学習状況の評価」、「授業の評価」、「指導の評価」のそれぞれの評価を実施していく中で、「授業づくりの視点」の設定とその活用の工夫や「学習状況の評価」と「授業の評価」、「指導の評価」の三つを関連付ける工夫、「学習状況の評価」と「授業づくりの視点」を関連付けた評価の工夫等を行うことが重要になってきます。このような工夫により、学習評価を授業や単元のみの評価で終わらせることなく、指導の改善に生かすことが可能となり、「指導と評価の一体化」につなげていくことができると考

第Ⅰ章　理論編

えます。

(5) 授業改善、指導計画の改善、教育課程の改善（A）

「A」は、「学習状況の評価」を基にした改善や、個に応じた指導の充実を図っていく部分に関することです。ここでは、「C」の段階で実施した評価を改善に生かしていくための工夫が必要になります。各授業や単元等の指導に当たっては、児童生徒の主体的な活動とともに、目標の実現を目指す指導の在り方が求められています。そのため、児童生徒の学習状況を目標に照らして評価して、その結果を踏まえて児童生徒一人一人の目標を実現できるように指導計画や授業の工夫改善につなげていくといった、いわゆる「指導と評価の一体化」を図ることが大切になってきます。

評価を指導の改善に生かしていくための工夫としては、「体系的な学習評価のPDCAサイクル概念図」（図1-1-2）で中央に示した「授業づくりの視点」を活用することなどが挙げられます。また、「学習状況の評価」を、教育活動の見直しや改善に結び付ける工夫として、評価を共有する場の設定や情報を記録する書式などのツールの活用が考えられます。より効果的な「学習状況の評価」を推進するためには、「学習状況の評価」をその後の学習指導の改善に生かすとともに、学校における教育活動全体の改善に結び付けることが重要です。一つ一つの「授業における学習状況の評価」と授業改善の視点や、「単元における学習状況の評価」と単元計画の改善の視点など、「学習状況の評価」を学習指導の評価に生かすための視点を明らかにし、学習評価を授業や単元のみの評価で終わらせることなく、児童生徒の学習状況を適切に評価し、評価を指導の改善に生かしていくための工夫が必要であるといえます。

2 研究において検討した四つの柱

(1) 研究において検討した四つの柱の位置付け

前述した中教審報告（2010）で指摘された学習評価に関わる課題や先行研究（国立特別支援教育総合研究所, 2012）である「知的障害教育における学習評価の現状と課題」からは、知的障害教育における学習評価に関わる課題として、目標に準拠した観点別学習状況の評価の実施や個人内評価の重視、学習指導と学習評価の一体化の推進、単元や授業における目標や指導内容の妥当性の向上、学習指導に係るPDCAサイクルの確立などが挙げられていました。そこで、前述の通り知的障害教育における学習指導に係るPDCAサイクルを基に、

第3節　研究において検討した四つの柱

知的障害教育の学習評価に関わる課題を解決するために検討しなければならない柱を①観点別学習評価の在り方、②学習評価を学習指導の改善に生かすための工夫、③学習評価を児童生徒への支援に活用する工夫、④組織的・体系的な学習評価の推進を促す方策の四つに整理しました。学習評価は、学習指導に係るPDCAサイクルの中の様々な段階で繰り返されながら展開されているので、四つの柱を設けることで、様々な段階のPDCAサイクルが、どのような要素の中で、また、どのような視点で繰り返されているのかを検討することができると考えました。

これまで述べたとおり、中教審報告（2010）では、知的障害教育においても学習指導に係るPDCAサイクルの中で学習評価を適切に行い、児童生徒の学習状況を評価した結果を踏まえて授業改善に結び付けていくなど、指導と評価の一体化を図りながら、一人一人の目標の着実な実現を図っていくことが重要であることが示されています。これらのことを踏まえて、様々な段階のPDCAサイクルがどのような要素の中で、どのような視点で繰り返されているのかについて、知的障害教育おける学習指導に係るPDCAサイクルと、研究によって検討したい四つの柱とを関連付けながら重層的に示して一つの図に

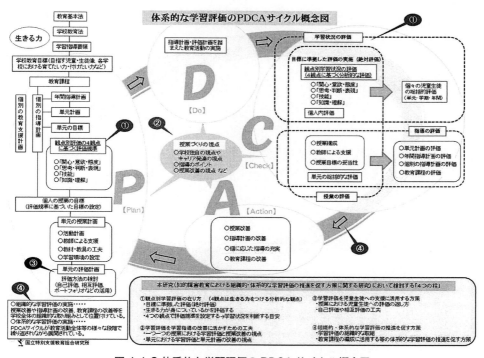

図1-1-2 体系的な学習評価のPDCAサイクル概念図

第Ⅰ章　理論編

まとめ、「体系的な学習評価のPDCAサイクル概念図」を作成し、本概念図と関連させている四つの柱のそれぞれの検討の視点を、次のように整理しました（図1-1-2再掲）。

（2）観点別学習評価の在り方

　観点別学習状況の評価とは、各教科や単元等で示す目標の達成状況をいくつかの観点に分けて分析的に評価する方法です。これによって学習に取り組む児童生徒の意図や判断の様子から、児童生徒一人一人の意欲や気付き、思考・判断等を捉えることができます。知的障害のある児童生徒も、学習活動の中で様々なことに気付き、そして思考し、判断しています。学習の結果のみで評価するのではなく、学習の過程における評価も行って、知識面や理解面・技術面だけでなく、興味・関心、意欲、思考、判断、表現等の側面を捉える学習評価を観点別に実施するとともに、目標に準拠した評価（いわゆる絶対評価）を行うことで、児童生徒一人一人に「育成を目指す資質・能力」や「生きる力」をはぐくむ教育活動の充実を図っていくことができると考えます。そこで、「①観点別学習評価の在り方」では、観点別学習状況の評価の観点を基にした、分析的な学習評価の在り方について整理し検討するため、「目標に準拠した評価（絶対評価）」、「生きる力が身に付いているかを評価する視点」、「観点ごとの評価規準の設定」を検討の視点としました。

　観点別学習評価は、観点別学習状況の評価の観点の設定と、それに基づく評価規準の作成が重要になるので、教育計画作成段階である「P」の部分と関わりが深くなります。また、実際に評価を行う「C」の段階で示した、「学習状況の評価」、「授業の評価」、「指導の評価」にも関わることですので、「体系的な学習評価のPDCAサイクル概念図」（図1-1-2）では、特に「P」と「C」の部分に関連があるとし、図中では、吹き出しに①と記して関連する場所を示しています。

（3）学習評価を学習指導の改善に生かすための工夫

　各授業や単元等の指導に当たっては、児童生徒の主体的な活動とともに、目標の実現を目指す指導の在り方が求められています。そのため、児童生徒の学習状況を目標に照らして評価し、その結果を踏まえて児童生徒一人一人の目標を実現できるように指導計画や授業の工夫改善につなげていくなど、指導と評価の一体化を図ることが大切になってくると考えます。そこで、「②学習評価

を学習指導の改善に活かすための工夫」では、指導と評価を一体的に行う意義や重要性について検討するため、「一つ一つの授業における学習評価と授業改善の視点」、「単元における学習評価と単元計画の改善の視点」を検討の視点としました。

学習評価を学習指導の改善に活かすための工夫は、教育計画作成段階から始まり、その工夫が実践に移され、実践を基に「学習状況の評価」、「授業の評価」、「指導の評価」を実施し、授業改善につながっていきます。したがって、「体系的な学習評価のPDCAサイクル概念図」（図1-1-2）では、すべての要素に関連すると考えました。また、それぞれの要素に関連する、学習評価を学習指導の改善に生かすための工夫として、「授業づくりの視点」が重要になると考えています。そのため、図中では、中央に「授業づくりの視点」を示し、吹き出しに②として関連する場所を示しています。

（4）学習評価を児童生徒への支援に活用する方策

知的障害教育で実践している自己評価や相互評価の工夫など、授業において児童生徒に対し、教師が評価を返す方法について整理しまた。それとともに、単元の指導計画作成において評価計画をどのように設定し、どのように活用されているのかについて整理することで、教師による学習評価を児童生徒への支援に活用する方策について検討しました。そのため、「授業における児童生徒への評価の返し方」、「自己評価や相互評価の工夫」を検討の視点としました。

授業における児童生徒への評価の返し方の工夫は、教育計画作成段階「P」の段階から始まっています。単元の授業計画を作成する段階では、単元の評価計画についても検討しておく必要があり、ここでの評価計画を基に「D」の段階で実践していくことになります。したがって、「体系的な学習評価のPDCAサイクル概念図」（図1-1-2）では、特に単元の評価計画に関連があるとして、図中では、吹き出しに③として関連する場所を示しています。その実践として、授業での活動そのものについては、「D」の部分にも関係していると考えています。

（5）組織的・体系的な学習評価の推進を促す方策

学習指導に係るPDCAサイクルの中で、授業改善や指導計画の改善をどう進めているのか、学校全体で学習評価を組織的に実施し、その結果を活用するためにはどのような工夫があるのかについて整理しました。さらに、教育課程

第Ⅰ章　理論編

を視野に入れた体系的な教育活動の見直しと改善に、学習評価の取組がどのように結びつくのかを整理することで、学習評価の取組から学校全体の教育活動の改善の方策、いわゆるカリキュラム・マネジメントについて検討しました。ここでは、「学習評価の組織的な取組」、「教育課程の編成に活用するなどの、体系的な学習評価の推進を促す方策」を検討の視点としました。

　組織的・体系的な学習評価の推進は、教育計画作成段階（P）、指導計画・評価計画を踏まえた教育活動の実施段階（D）、学習状況の評価・授業の評価・指導の評価の段階（C）、授業改善・指導計画の改善・教育課程の改善段階（A）の全てに関連があると考えます。したがって、「体系的な学習評価のPDCAサイクル概念図」（図1-1-2）では、矢印の部分に、吹き出しに④として示しました。

　以上のとおり、本研究では検討したい四つの柱のそれぞれの内容を整理し、「体系的な学習評価のPDCAサイクル概念図」との関係性を明らかにしました。また、研究協力機関より収集した特色のある学習評価の取組について、その背景や要因を分析して課題を明らかにし、本研究によって検討したい四つの柱との関連を整理することで、組織的・体系的な学習評価の推進を促す方策について考察しました。考察を進めるに当たっては、PDCAサイクルで示した要素とどのような関係があるのか、PDCAサイクルの中でどのような役割があるのか、また、どのように繰り返されていけばいいのか等について、「体系的な学習評価のPDCAサイクル概念図」で示した要素を基に考察を進めました。

　「第Ⅱ章 実践編」では、研究協力機関の概要と学習評価の全体的な取組を示し、あわせて研究によって整理し検討したい四つの柱ごとに、研究協力機関の実践事例を紹介しています。

【参考文献】
1) 中央教育審議会（2010）「児童生徒の学習評価の在り方について」報告
2) 文部科学省（2011）言語活動の充実に関する指導事例集【小学校版】～思考力・判断力・表現力の育成に向けて～
3) 国立教育政策研究所（2012）評価規準の作成，評価方法等の工夫改善のための参考資料（高等学校国語）～新しい学習指導要領を踏まえた生徒一人一人の学習の確実な定着に向けて～
4) 文部科学省（2013）育成すべき資質・能力を踏まえた教育目標・内容と評価の在り方に関する検討会（第2回）配付資料

第4節 研究から得られた知見と今後の実践に向けた課題

1 生きる力を育成する観点別学習状況の評価

　前述のとおり、本研究では、検討する四つの柱の一つである観点別学習評価の在り方について、「目標に準拠した評価（絶対評価）」、「生きる力が身に付いているかを評価する視点」、「観点ごとの評価規準の設定」を検討の視点として、研究協力機関の実践について整理しました。第Ⅱ章実践編に掲載している研究協力機関の実践からは、観点別学習状況の評価の観点と評価規準を設定することで、より分析的な学習評価を可能にし、目標に準拠した評価につなげていることが分かりました。目標に準拠した学習評価の実施を工夫することで、活動そのものではなく、何のためにやるのかという必然性や背景を大切にした指導計画を作成することができます。このことは、「生きる力」をはぐくむ教育活動の充実につながるものと考えられます。

　現行の学習指導要領（平成20年改訂）は、児童生徒の「生きる力」の育成を掲げています。「生きる力」を支える一つである「確かな学力」を育む学力の三つの要素を踏まえた、「関心・意欲・態度」、「思考・判断・表現」、「技能」、「知識・理解」のいわゆる観点別学習状況の評価の4観点は、児童生徒の学習状況を多角的、分析的に捉えることで「生きる力」をはぐくむ教育活動の充実につなげていく観点です。

　本研究で行った「特別支援学校（知的障害）における学習評価の実施状況に関するアンケート調査」では、観点を設けて学習評価を実施し、それを活用することについて、「個に応じた指導の充実につながる」、「授業改善にもつなげられる」と回答した割合が全体の90％を超えていました。さらに、「授業の目的が明確になり、学力等を多角的に育成することができる」という項目においても、肯定的な回答の割合が高くなっていました。また、観点別学習状況の評価の4観点を設定している群では、評価規準や評価結果の妥当性・信頼性の確保に対して肯定的に捉えていることが明らかになるなど、観点を設定している学校では、実際の取組をとおして観点別学習状況の評価の4観点で学習状況の分析的な評価を実施することの効果について理解を深めていることがうかがえます。

　研究協力機関の実践からは、「これまでの実践に加え、観点別学習状況の評

第Ⅰ章　理論編

価の4観点を導入した実践に取り組むことで、より分析的に児童生徒の学習状況の評価を行うことが可能となり、「生きる力」をはぐくむために具体的にどのような力を育てればよいのかが分かった。」という報告がありました。これまで実践してきている授業づくりや学習指導の改善と観点別学習状況の評価を関連させることで、より分析的に児童生徒の学習状況の評価を行うことが可能となり、このような取組から「生きる力」がどのくらい育っているのかについて捉えることができるようになってきたと考えられます。知的障害教育では、自立や社会参加に向けた主体的な取組を支援する視点に立ち、「生きる力」をはぐくむ教育を大切にしてきています。研究協力機関の実践からも分かるとおり、各学校とも、日ごろから授業づくりや学習指導の改善に取り組み、教育活動の充実を図っています。観点別学習状況の評価の観点を用いて学習状況の分析的な評価をこれまでの実践と結び付けることで、学習評価を踏まえた教育活動の改善を図っていくことにつなげていくことができると考えます。

　また、観点別学習状況の評価の観点に基づく評価規準を導入することで、目標や指導内容、手立ての妥当性、信頼性を意識した授業改善につながったという報告がありました。このことは、指導内容や単元構成、指導方法を考えていく上でも変化があったことを示しています。観点別学習状況の評価の観点で評価規準を明らかにすることで、「関心・意欲・態度」、「知識・理解」、「技能」、「思考・判断・表現」の視点から授業を構成し、指導内容を考えるようになったということが考えられます。例えば、「思考・判断・表現」に関する評価規準を設定し、その評価規準で学習状況の評価をするには、児童生徒が「思考・判断・表現」しながら主体的に活動するような場面が授業の中に準備される必要があります。観点別学習状況の評価の観点で学習状況を分析的に評価するために、学習状況を評価するための教育活動を準備することが重要になってきます。また、このことへの気付きが、目標や指導内容、手立ての妥当性、信頼性を意識した授業改善につながっていくと考えられます。このようなつながりは、分析的な観点の設定によってより明らかになるものであり、分析的な観点を設定することが、指導と評価の一体化を進める上で重要な要素になってくることが考えられます。

　観点別学習状況の評価により、児童生徒の学習状況を分析的に評価することは、その計画段階において、分析的な観点に基づく評価規準の設定や、授業の活動計画を作成するだけでなく、評価計画の作成も重要になってきます。こうした授業計画を基に、授業を実践し、学習状況の評価を実施するなど、分析的

第4節　研究から得られた知見と今後の実践に向けた課題

な観点を踏まえた PDCA サイクルを実践していくことで、児童生徒一人一人の「生きる力」をはぐくむ教育活動の充実を図っていくことができると考えられます。例ば、学校全体で分析的な観点を踏まえた PDCA サイクルの実践を目指した取組として、学習指導案の様式を改訂し、指導案の中に分析的な観点に基づく評価規準を記述するようにした研究協力機関の実践が挙げられます。評価規準を指導案に書き込み、授業後の改善に結びつけることで、なぜ学ぶのか、何を学ぶのか、どのように学ぶのかや指導するのかが分かり、指導目標や手立ての妥当性、信頼性を意識するようになったとの報告がありました。観点別学習状況の評価は、一授業で実施するだけではなく、学校が組織として取り組んでいかなくては効果がないと考えられます。今後は、観点別学習状況の評価の観点についての理解を進めるとともに、観点別学習状況の評価の PDCA サイクルを充実させていくことが重要なカギとなってくると考えられます。

2 指導と評価の一体化について

本研究では、「体系的な学習評価の PDCA サイクル概念図（図 1-1-2）」の C（Check）の部分において、授業や単元等における評価について「（児童生徒の）学習状況の評価」「指導の評価」「授業の評価」の三つに分類し、それぞれの重なり合う関係について整理しました。従来の現場における授業研究では、教師側の支援や授業の構成など、「指導」の評価に偏る傾向がありますが、併せて、子どもの学習の状況を見取る観点を持って授業を評価していくことも重要であると考えます。

一つ一つの授業における学習評価と授業改善の視点については、各学校で様々に取り組まれているところですが、児童生徒の学習評価の観点について、独自の観点を設けている学校では、どのような指導内容を扱うのかを示す「内容構成の視点」の要素と、関心・意欲・態度などの分析的観点のうちの一部又は全てに該当する部分と、さらには、キャリア発達に関連する観点が混ざり合っていた学校も見られました。

「観点別学習評価の観点」と、「内容構成の視点」の関係について図 1-4-1 に示しました。「観点別学習評価の観点」と、「内容構成の視点」のどちらの観点や視点も児童生徒の学習状況を把握する上で必要です。ただし、両者は軸が異なり、前者は、ある授業や単元等における児童生徒の学習の姿を分析的な観点によって観るものであり、後者は指導内容のまとまりや構成内容や段階性を示すものであることを念頭においておくことが重要です。学習評価の観点には、

第Ⅰ章　理論編

分析的な評価の観点である「観点別学習評価の観点」と、「内容構成の視点」の二つがありますが、これは互いに対立するものではなく前者を横軸、後者を縦軸として立体的な学習評価を行うことで、より深く児童生徒の学びや伸長を捉えることができます。このことの理解について、まず学校現場に広まっていくことが、今後の学習評価の在り方の議論の出発点になると考えられます。

算数	（分析的にみる）観点別学習評価の観点			
	関心・意欲・態度	思考・判断・表現	技能	知識・理解
数量の基礎、数と計算				
量と測定				
図形・数量関係				
実務				

（左側縦軸：内容構成の視点（観点））

図1-4-1「観点別学習評価の観点」と「内容構成の視点」の関係

ところで、観点別評価を活用した研究協力機関の実践からは、観点別評価を活用すると、学習状況の到達度を分析的に捉えることができ、指導内容の改善・精選が進むことが示唆されました。研究協力機関の実践では、観点別評価の観点を導入することにより、指導目標の妥当性について指導案段階から検討するサイクルが作られていました。例えば「思考・判断・表現」を評価するためには、「思考・判断・表現」しながら主体的に活動するような場面が授業の中に準備されなければならず、それを授業構成の中に組み入れた指導案に再構成するなどがありました。前項でも指摘した通り、こうした気付きが、指導目標や、指導内容、手立ての妥当性を意識した授業計画・改善につながり、指導と評価を一体的に進めることとなります。また、観点別評価を活用すると、学習状況の到達度を分析的に捉えることができ、指導内容の改善・精選が進むことが研究協力機関の実践より示唆されました。

さらに、単元における学習評価と単元計画の改善の視点については、単元計画ごとの評価が次の指導や単元計画や教育課程の見直しにつながっている事例

もありました。単元の指導計画に沿って評価規準を設定し、単元計画と学習評価を関連づけた実践もありました。その成果として、「どこの学習場面で」「何を評価するのか」が明確になり、単元を通しての指導計画の再検討につながったこと、評価規準や個別の評価基準を設定したことにより、客観的・具体的な評価ができ、それが児童生徒の実態や課題の見直しにつながり、次の単元では、より実態や課題に応じた単元内容や活動の選択、手立てにつなげることが挙げられました。単元の指導計画に沿って評価規準を設定することにより、児童生徒の学習状況の評価による課題の洗い出しが、指導の見直しへとつながるという、指導と評価の一体化として大変重要な実践であると考えられます。

❸ 児童生徒の発達を支援する学習評価の活用

本研究では、「体系的な学習評価のPDCAサイクル概念図（図1-1-2）」のD（Do）の部分に関して、児童生徒に対する教育活動の一つとして、児童生徒に対して形成的な評価を行い児童生徒の成長を促すこと、保護者と学習評価の結果を共有し家庭での学習を促すこと、児童生徒による自己評価や相互評価を行い児童生徒自らの気付きを促すことなど、学習評価を児童生徒の支援に活用する実践について整理しました。研究協力機関の実践から、児童生徒による自己評価・相互評価や「ほめる仕掛けづくり」により、児童生徒の自己肯定感が高まると共に、児童生徒が自らの次の課題に気付くことが促されることが示されました。

自己評価に関しては、「育成すべき資質・能力を踏まえた教育目標・内容と評価の在り方に関する検討会」で参考とされた「21世紀型能力」（国立教育政策研究所，2012）で、「基礎力」、「思考力」、「実践力」から構成される「思考力」の構成要素の中の「メタ認知」において、自分自身の課題をモニターし、問題を見つけるといった「モニター力」や学習の状況を調整するといった「コントロール力」が挙げられています。これらのことからも、自己評価は児童生徒に対する指導方法としても、児童生徒が身に付けるスキルとしても、今後、ますます重要性は高まるものと考えられます。

知的障害のある児童生徒に対して効果的に自己評価を行うためには、評価項目とその基準を児童生徒にとって明確にすること、自己評価の結果を教師による評価と擦り合せたり気付きを促す言葉掛けをすることが重要と考えられます。また、タブレット端末により児童生徒が視覚的に振り返ることができるようにするなど、自己評価の媒体を工夫することで、小学部段階の児童や知的障

第Ⅰ章　理論編

害の状態が中・重度とされる児童に対しても、自己評価の適用の可能性が拡がると考えられます。対象に応じた自己評価の工夫事例を、今後さらに積み上げていく必要があるといえます。

　また、相互評価に関して、中央教育審議会（2014）の「初等中等教育における教育課程の基準等の在り方について」の審議の内容において、「今後の『アクティブ・ラーニング』の具体的な在り方についてどのように考えるか」が挙げられました。アクティブ・ラーニングとは教員による一方向的な講義形式の教育とは異なり、学修者の能動的な学修への参加を取り入れた教授・学習法の総称とされています（中央教育審議会，2012）。そのため、今回の実践でもあったような相互評価の実践も今後さらに重要視されると考えられます。知的障害のある児童生徒に対して相互評価を導入するには、他の児童生徒の行動等を観察し把握すること、他の児童生徒の行動等を意味付けたり価値付けたりして評価すること、その評価結果を相手に明確に伝えることなどが求められると考えられます。研究協力機関の実践事例では、相互評価においても映像を介して相互評価し合うことで、児童生徒が誰のどのような行動について現在話しているのか分かりやすくなる工夫を行っていました。今後、知的障害教育において相互評価をどのような場面でどのように行うのかをさらに検討する必要があります。

　さらに、教師や児童生徒本人による評価のみでなく、保護者による評価の有効性も、実践において示されました。知的障害教育では日常生活に生きる指導が重視されてきた経緯があります。そのため学習したことが、学校の指導場面だけでなく家庭など日常生活場面に生きているかどうかを実際に評価し、必要な手立てを行うことが重要になります。研究協力機関の実践では、生活単元学習の生活技術の指導を、家庭と連携して評価や指導を行っていました。中教審報告（2010）でも「学習評価の結果を保護者に適切に伝えることは、学習評価に関する信頼を高めるものであるとともに、家庭における学習を児童生徒に促す契機ともなる」ことを指摘しています。保護者と連携した評価や指導の実践も重要であるといえます。

　今後の課題としては、学習評価を児童生徒の学びに対して活用するために、PDCAサイクルに基づいた児童生徒による自己評価や相互評価といった実践についてさらに検討することが挙げられます。具体的には、（P）児童生徒による自己評価・相互評価の方法を計画し、その方法と評価の規準や基準を児童生徒と共有する、（D）授業において自己評価や相互評価を実施する、（C）児

第4節　研究から得られた知見と今後の実践に向けた課題

童生徒が自己評価・相互評価の結果を振り返る機会を設けて、振り返りに対して教員が児童生徒に自らの次の目標の気付きを促すなどの働き掛けをする、(A)振り返りをもとに児童生徒と次の目標や手立てを共有する、といった流れが想定できます。知的障害のある児童生徒の実態や教育的ニーズに合わせて、学習評価における観点、評価規準、評価基準を児童生徒とどのように共有するのかを検討する必要があると考えられます。

【参考文献・引用文献】
1) 国立教育政策研究所（2012）教育課程の編成に関する基礎的研究報告書3 研究成果報告書『社会の変化に対応する資質や能力を育成する教育課程－研究開発事例分析等からの示唆－』
2) 中央教育審議会（2010）児童生徒の学習評価の在り方について（報告）
3) 中央教育審議会（2014）初等中等教育における教育課程の基準等の在り方について（諮問）
4) 中央教育審議会（2012）新たな未来を築くための大学教育の質的転換に向けて～生涯学び続け、主体的に考える力を育成する大学へ～（答申）

4 組織的・体系的な学習評価の推進を促すための方策に関する知見と今後の課題

本項では、各研究協力機関における具体的な実践例と全国調査の結果を踏まえて、組織的・体系的な学習評価の推進を促す方策について、今後の展望を含めて論述します。

まず、研究では、「組織的な学習評価」について、「組織を構成する教職員が共通の目的のもとに、一定のルールや方法に基づいて、情報交換・意見交換を行い、組織の総意として学習状況の分析結果を示し、その結果の価値判断を行うこと」と捉えて考察を進めました。また、「体系的な学習評価」とは、「系統性や整合性のある教育目標・育てたい子ども像等に基づいて実施された、それぞれの学年・学部等の段階、あるいは、各教科等の授業・単元・1年間の総括の段階において、教育の成果を一定の方法に即して評価し、その結果をより高次の目標との関係の中に位置付け、価値付けていく総合的な営み」と捉えて、研究協力機関の実践例や全国調査に関する分析を行いました。

これらを総括すると、学習評価の取組を組織的・体系的に進めていく際の工夫として、学校の校務分掌組織や授業実施グループ、学年、学部等の様々な組織・グループの中で会議（委員会）や打合せ等が開催され、統一された書式等を活用し、学習記録の確認や情報交換をもとにした多方面からの検討・協議により児童生徒の学習評価を行っている状況が明らかとなりました。学習評価の実施サイクルに関しては、一つ一つの授業のレベルで丁寧に学習評価を行っていく

ショート・スパン・タイプや、一つの単元の終了時など、学習内容の一定のまとまりを終えた段階で学習評価を実施するミドル・スパン・タイプ、さらには1年間の各教科等の総括として、各教科等で示された目標に基づいて学習評価を実施していくロング・スパン・タイプの学習評価が行われている実態が明らかとなりました。

また、学習評価の実施状況については、「体系的な学習評価の実施の在り方（体系化の度合い）」と「学習評価の実施サイクル（実施頻度）」との兼ね合いにより、大別して三つのモデルに分けることができました（図1-4-2）。

一つめは、学習評価の実施サイクルをショート・スパンで実施し、授業レベルから単元レベル、さらに1年間の総括のレベルへと連続性を持って密に体系化を図っていくタイプの「緻密・網羅型」です。このタイプでは学習評価を基軸に据えながら、その結果を授業改善や教育課程の改善へと活用して、学校教育目標の実現や一人一人の児童生徒の生きる力の育成につなげていこうとする取組が意図的に行われていました。

二つめは、毎時間の授業後とまではいかないまでも単元の終了時など、学習内容の一定のまとまりを終えた段階で学習評価を実施し、それらを集約していくタイプの「要点・概略型」です。このタイプでも学習評価を児童生徒に還元するだけでなく、単元構成の在り方や教材・教具等を含めた学習環境の設定の工夫など、単元指導計画の改善やそれらを総括した年間指導計画の改善に活用していくなどの改善のプロセスを明らかにした取組が行われていました。

三つめのタイプとしては、特に全国調査の結果からも分かったように、例えば前期・後期や学期ごとの学習評価等、まとまった期間を一括する形で学習評価を実施し、児童生徒へのフィードバックを中心に行うような「一括・包含型」です。このタイプの中には、授業改善や単元計画、年間指導計画の改善等につなげられているものも一部では存在しましたが、どちらかというと「授業－単元－1年間の総括」といった関連性は希

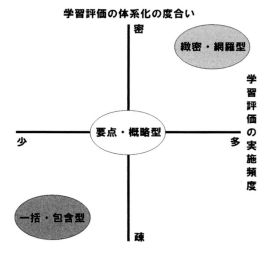

図1-4-2 学習評価の実施状況に関するモデル

第4節　研究から得られた知見と今後の実践に向けた課題

薄で、教育課程の改善にまでは至ることは少なく、学習評価が単に児童生徒のもとに返る形で留まっており、指導の改善や教育課程の改善とは分けて実施されている状況にあると考えられました。このことは、学習評価が授業改善の時ほど教育課程改善に活用されていないという全国調査の結果からも明らかとなっていました。

　上記のような学習評価の実施状況に関するモデルでは、「組織的な取組（組織化の度合い）」について要因として加えていませんが、高度に組織化された学習評価の取組を行っている学校ではカリキュラム・マネジメントの手法が学校の中で確立されているか、または今後、確立を図ることが容易に推進されていく可能性があると考えられました。一方で、組織化が図られておらず、個々の教員に委ねられていたり、特定のグループや学年等のみが学習評価の取組を実施していたりする学校では、カリキュラム・マネジメントの視点で一定の課題が残されていると考えられました。学校や学部としての教育目標や目指す子ども像が示されて学習指導が展開されているものの、学習評価は個々の児童生徒のみにフィードバックされていくだけで、学校として編成している教育課程についての包括的な検証が十分になされていない可能性があることを指摘できます。

　カリキュラム・マネジメントの視点に立てば、学校において学習評価を実施する際、「組織化」の軸と「体系化」の軸の双方から、関連する要因を調和的にコントロールして取り組んでいくことが必要となります。この点では、「学習評価の工夫」に関する全国調査の自由記述の回答結果からも明らかになったように、学習評価に直接的に関わる要因（7要因：①いつ学習評価を行うか、②どこで学習評価を行うか、③誰が学習評価を行うか、④何のために学習評価を行うか、⑤何を対象として学習評価を行うか、⑥どのように学習評価を行うか、⑦その他の学習評価に関する工夫）や間接的に関わる要因（7要因：①学習目標設定の在り方の工夫、②学習者自身の実態の位置付けに関する工夫、③学習集団編制の工夫、④指導の評価の工夫、⑤授業改善の工夫、⑥評価の対象とするもの、⑦その他の取組の工夫）を各学校の実情に応じて組み合わせて検討したり、調整を図ったりすることが必要であるといえます。

　具体的には、学習指導の計画段階（Planの段階）において分析的な「学習状況の評価の観点」の設定を含めた学習評価の実施とその活用計画について十分に検討することが必要です。また、学習指導の実践の場（Doの段階）では、眼前で展開している児童生徒の学習行動を絶え間なく評価し、児童生徒個々の

第Ⅰ章　理論編

目標や授業等の目標に照らしながら臨機応変な対応を含めて、実際の指導に還元することが重要です。さらに、学習状況を丁寧に振り返っていく段階（Checkの段階）では、児童生徒の学習状況を評価の観点に即して分析的に捉えると同時に、結果の側面から指導内容や指導方法、学習環境の設定等を含めた授業の評価や単元レベル等、様々な指導計画の評価にも活用し、次の学習指導の改善の段階（Actionの段階）へと関連させていくことが重要となります。

　なお、学習指導における目標設定や評価規準の作成にあたっては、「内容構成の視点」と分析的な評価の観点である「観点別学習状況の評価の観点」の正しい理解に基づいて実施することが重要です。また、分析的な評価の観点である「観点別学習状況の評価の観点」は、関心・意欲や思考・判断等の情意的な側面や精神活動の側面（心理的）を評価の対象にしていることから客観的な判断の難しさを指摘されることも多くあります。このような場合、目標の設定に際しては、心理的な側面について比較的に抽象的な目標として立てた場合であっても、評価規準の作成にあたっては具体的な行動として観察できるような規準を設定するなどの工夫が必要となります。指導や学習の方向性を指し示す上では心理面での目標や抽象的な目標を示すことは有効であり、「心理と行動」、「抽象と具体」の軸からそれぞれのよさを生かしながら、学習評価の客観性を確保すべく目標及び評価規準の設定を考えていくことが必要となります。この点は学習指導の計画段階（Planの段階）で、十分に検討される必要があり、例えば「❸　児童生徒の発達を支援する学習評価の活用」でも述べたとおり、「思考」や「判断」を促すような学習活動として児童生徒の自己評価・相互評価を組み込み、

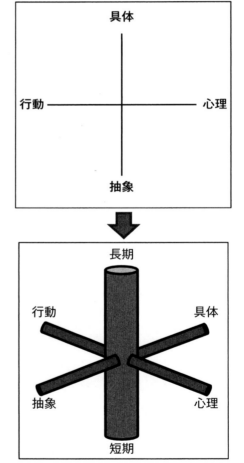

図1-4-3「目標－評価」の構造モデル

第4節　研究から得られた知見と今後の実践に向けた課題

「どのような思考が展開されることが望ましいのか」や「どのような判断を行うことが望ましいのか」について評価規準として示したり、さらに評価基準の中に具体的な行動段階レベルとして示したりするなどの工夫を行うことも考えられます。

これらの軸に「長期と短期」という時間（スパン）の軸を加えて立体交差した3次元モデル（図1-4-3）を考慮すれば、「授業－単元－年間の総括」といった1年間の学習指導サイクルにおける「目標－評価」の構造や12年間の教育課程編成における「目標－評価」の構造が系統性・体系性をもって示されることとなります。尚、観点別学習状況の評価になじまない感性や思いやり等の資質・能力は個人内評価を組み込むなど、柔軟な形でPDCAサイクルを再検討・再構築し、妥当性・信頼性の高い指導内容や指導方法の確保及び学習評価の質の向上に取り組んでいくことが、ますます重要となります。

今後、各学校における実践を踏まえて、どのような要因をコントロールすることにより、どのように指導内容や学習評価の質が変容していくのかを具体的に検証していくことがカリキュラム・マネジメントを推進していく上でも課題として挙げられると考えます。

5 組織的・体系的な学習評価に基づく教育課程の評価に関する課題

教育課程とは、学校教育の目的や目標を達成するために、教育の内容を児童生徒の心身の発達に応じ、授業時数との関連において総合的に組織した学校の教育計画です。知的障害教育においても教育課程の捉え方は同様です。

本研究においては、組織的・体系的な学習評価のPDCAサイクルの概念図を作成し、【Plan】の段階で、学習指導要領や学校教育目標を達成するために、年間指導計画や単元計画を組織した教育課程を編成することを示しました。

次の【Do】の段階は、指導計画を踏まえた教育活動の実施とし、それは、教育課程の実施を表しています。

【Check】の段階では、授業における学習状況の評価を積み上げることにより、教育課程の実施による児童生徒の成長が評価できることや一つ一つの授業の評価を基に単元計画による総括的な指導の評価を行うことにより、教育課程を評価できることを示しました。

そして【Action】では、指導計画の改善だけではなく、教育課程の改善も示しました。このように、学習指導に関わるPDCAサイクルで学習評価を実施し、

第Ⅰ章　理論編

組織的・体系的な学習評価に基づく教育課程の評価を推進することが重要であると考えます。

　カリキュラム・マネジメントとしては、学習指導に係るPDCAサイクルの中で学習評価を組織的・体系的に実施し、教育課程の改善に結び付けることが重要です。このことにより、教育課程を不断に見直すことができ、より効果的な教育活動を実現していくことにつながると考えられます。

6 特別支援学校（知的障害）の実践を参考にした特別支援学級の学習評価の進め方

　本研究の主題を「知的障害教育における」としたのは、知的障害教育は特別支援学校（知的障害）だけではなく、他の障害種の特別支援学校や、小学校・中学校の知的障害特別支援学級でも知的障害のある児童生徒への教育活動が行われており、それらの学校や学級でも、研究の成果を活用できるようにすることを想定したからです。特に、知的障害特別支援学級は、特別支援学校学習指導要領の「知的障害者である児童生徒に対する教育を行う特別支援学校の各教科」を参考に、教育課程を編成することができるので、特別支援学校（知的障害）の学習評価に関する実践事例の情報は役に立つと考えました。そこで、研究において検討した四つの柱ごとに述べられている特別支援学校（知的障害）の実践事例に基づいて、知的障害特別支援学級の学習評価の進め方について提案したいと思います。

　一つめの柱の観点別学習評価の実践では、分析的評価の観点を基に、児童生徒の学習活動と期待される姿を想定した評価規準を設定することにより、目標や指導内容、手立ての妥当性が高まることが報告されています。知的障害特別支援学級においても、「知的障害者である児童生徒に対する教育を行う特別支援学校の各教科」の目標や内容に基づいて実践を行う場合、評価規準を設けることにより、授業で児童生徒に生きる力が身に付いたのかを分析的に評価できるようになるとともに、授業の目標、指導内容・方法が適していたかも評価できるようになると考えられます。通常の学校の教育と特別支援学校（知的障害）の教育において同じ文言で学習評価に関する文言が使われれば、知的障害特別支援学級でも参考にしやすいと考えます。知的障害特別支援学級においても通常の学級と同様に観点別学習評価の観点を分析的な観点として使用することにより、研究授業において、特別支援学級の担任と通常の学級の担任が同じ視点から児童生徒の学習状況の評価について検討できるようになります。このこと

第4節 研究から得られた知見と今後の実践に向けた課題

により、学習評価の妥当性がさらに高まることも考えられます。

通常の教育では、教科書があり、観点別学習評価の評価規準や基準をいちど作ればそれに基づいて学習評価ができます。一方で、特別支援学校（知的障害）にも、国語、算数・数学、音楽の文部科学省著作教科書があるので、それに基づいた評価規準・基準があれば、知的障害特別支援学級も参考にできると考えられることから、教科書に準拠した観点別学習評価を例示することを検討する必要があると考えます。また、担任数が少ない知的障害特別支援学級においては、各教科等を合わせた指導の単元ごとの評価規準・基準を作成することが困難な状況が想定されます。特別支援学校（知的障害）の各教科等を合わせた指導における観点別学習評価の方法についての資料があれば、それを参考に学習評価を進めることができると考えられます。

二つめの学習評価を指導の改善に生かす実践では、単元の指導計画に沿って評価規準を設定することにより、学習状況の評価によって見られた課題を指導の見直しにつなげるという実践や、その見直しの際に授業づくりの視点を設けて授業改善を行う実践が報告されています。知的障害特別支援学級においては、障害の状態の多様な児童生徒に合わせて単元の評価規準を作ることにより、学習状況の評価を基にした授業の改善を行うことができると考えられます。また、児童生徒の生きる力が着実に身に付くように学習評価を活用しながら知的障害特別支援学級の設置状況を最大限に生かして、学習環境の整備を行うなど授業改善に取り組むことも必要であると考えます。

三つめの学習評価を児童生徒への支援に活用する実践では、児童生徒による自己評価・相互評価、教師によるほめる仕掛け作りなどの実践とこの実践による自己肯定感の高まりや児童生徒が次の課題に気付く実践について報告されています。知的障害特別支援学級においても、児童生徒の学習意欲や自己肯定感を高めるようにすることは重要です。知的障害特別支援学級の担任が、評価規準・基準を示した上で、児童生徒の自己評価と教師による評価を比較できるようにして、自分の課題に気付くようにする取組を、授業中だけではなく、学級活動の時間にも行うことできると考えます。

四つめの組織的・体系的な学習評価を促す実践では、学校の教務部などの分掌組織や学部、学年、授業実施グループなど、様々な指導組織の中で、学習記録やそれに基づく検討・協議により学習評価が行われている実践が報告されています。知的障害特別支援学級においては、通常の学級の教育課程を担当する教務部と連携して知的障害特別支援学級の担任が教育課程の編成・実施案を作

第Ⅰ章　理論編

成しているので、学習指導のPDCAサイクルの中に学習評価の計画を入れるようにすることが必要となります。その際、知的障害特別支援学級で行った授業や単元での学習評価を積み上げ、授業改善だけでなく、教育課程の改善にもつなげるカリキュラム・マネジメントを図ることが必要であると考えます。

7 知的障害教育における学習評価の在り方に関する今後の課題

　本研究においては、知的障害教育における観点別学習評価の在り方、学習評価を指導の改善に活かすための工夫、学習評価を児童生徒の支援への支援に活用する方策、学習評価の組織的な取組を検討することにより、知的障害教育における組織的・体系的な学習評価を促す方策を検討し、提示してきました。また、生きる力を育成する観点別学習評価、学習評価と指導の評価の一体化、児童生徒の発達を支援する学習評価の活用、組織的・体系的な学習評価を促すための評価計画のPDCAサイクルの構築についての課題を提示してきました。これらを踏まえて、知的障害教育における学習評価の在り方に関する今後の課題を整理したいと思います。

　まず、平成26年11月に、文部科学大臣は中央教育審議会に対し、「初等中等教育における教育課程の基準等の在り方について」理由を付けて諮問（以下、諮問文と示します）を行っています。この諮問文の中に、学習評価に関連することが2点、記されています。その1点めが「教育目標・内容と学習・指導方法、学習評価の在り方を一体として捉えた、新しい時代にふさわしい学習指導要領等の基本的な考え方」であり、2点めが「学習指導要領の理念を実現するための、各学校におけるカリキュラム・マネジメントや、学習・指導方法及び評価方法の改善を支援する方策」です。

　1点めの学習評価に関わる課題としては、教育目標・内容と学習・指導方法、学習評価を一体として捉える方策（以下、「目標、内容、方法、学習評価の一体化」と表記）と捉え、2点めを学習・指導方法及び評価方法の改善を支援する方策（以下、「指導方法及び評価方法の改善」と表記）と捉えて、知的障害教育における学習評価の今後の在り方について検討したいと思います。

　最初の「目標、内容、方法、学習評価の一体化」の課題については、諮問文では「学習指導要領については、（中略）育成すべき資質・能力を子どもたちに確実に育む観点から、そのために必要な学習・指導方法や学習の成果を検証し指導改善を図るための学習評価の観点が必要」と述べられています。このことを研究で示した「体系的な学習評価PDCAサイクル概念図」（図1-1-2、以下「概

第4節　研究から得られた知見と今後の実践に向けた課題

念図」と表記）を使って検討します。

　諮問文では「教育目標・内容と学習・指導方法と学習評価の充実を一体的に進めていくために求められる学習指導要領等の在り方」について検討を求めていることから、学習指導要領においては、各教科の目標・内容は育成を目指す資質・能力を踏まえて示され、評価の観点も示されると考えることができます。したがって、学習指導に関わるPDCAサイクルの中に学習評価を位置付ける場合、「概念図」のPの段階では、育成を目指す資質・能力を踏まえた評価規準や単元の授業計画、単元の評価方法を設定することが必要となります。次に、「概念図」のCの段階の「学習状況の評価」では育成を目指す資質・能力の3本の柱を踏まえ、それらの目標に準拠した分析的な観点の設定のもと観点別評価を実施し、それを積み上げ、個々の児童生徒の育成を目指す資質・能力の育ちに関しての総括的な評価が必要となると考えられます。「授業の評価」では、授業の目標に準拠した学習状況の評価を基に、授業目標の妥当性の検討やアクティブ・ラーニングなどの指導方法の評価が必要となると考えられます。そして授業の評価を積み上げて、育成すべき資質・能力を身に付けられる指導計画になっていたかを評価する「指導の評価」も必要になると考えられます。知的障害教育においては、各教科等を合わせた指導も行われていることから、日常生活の指導、生活単元学習、作業学習においても、知的障害者である児童生徒に対する教育を行う特別支援学校の各教科の目標、内容と関連付けて育成を目指す資質・能力を明確にし、体系的な学習評価のPDCAサイクルの中で学習評価を進めることが重要であると考えます。

　2点めの「指導方法及び評価方法の改善」の課題については、諮問文では「各学校における教育課程の編成、実施、評価、改善の一連のカリキュラム・マネジメントを普及させていくための支援」と「『アクティブ・ラーニング』などの新たな学習・指導方法や、このような新しい学びに対応した教材や評価手法の今後の在り方」の二つを具体的に挙げています。カリキュラム・マネジメントについては、本研究においても、「概念図」で示したように、教育課程の編成、実施、評価、改善の一連のPDCAサイクルを学校組織として確立することが重要であると考えます。特に知的障害教育においては、小学部から高等部まで設置している学校が多いことから、12年間を見通して、小学部段階から育成を目指す資質・能力を着実に身に付けられるようにするカリキュラム・マネジメントが必要であると考えます。新しい学びに対応した教材や評価手法については、知的障害教育では、これまでも、体験的な学習活動を重視するとともに、

個別に設定した目標に基づいて評価するなど、様々な工夫が行われてきています。

今後、知的障害教育においては、これまで以上に、児童生徒の障害の特性に合わせて、授業内容が分かり学習活動に参加している実感・達成感を持てるように学習・指導方法を工夫することや、学習を通して身に付けられる資質・能力を明確にして評価を行うことが必要になると考えます。

以上のように、知的障害教育における学習評価の今後の課題は、教育課程の編成、実施、評価、改善の一連のサイクルの中に、学習評価を位置付け、育成を目指す資質・能力が身に付いたかどうかの視点で学習評価ができるように、学習評価の改善を図ることであると考えています。

第Ⅱ章「実践編」に示した各研究協力機関の実践事例の中には、これらの課題を先取りした学習評価の実践も見られることから、読者の実践の参考となれば幸いです。

第Ⅱ章 実践編

　本項では、国立特別支援教育総合研究所の学習評価の研究で、検討の柱として取り上げた四つのテーマごと（①「観点別学習状況の評価の実践」、②「学習評価を指導の改善に生かす実践」、③「学習評価を児童生徒への支援に活用する実践」、④「組織的・体系的な学習評価を促す実践」）に、研究協力機関ではどのような取組が展開されたかについて詳しく述べていきます。

　その際、「各研究協力機関の概要」の項で、学校の概要に加えて、上記の四つの検討の柱に対してそれぞれがどのように取り組んでいるのかを概括した後、テーマに対応した学習評価の取組をより詳しく伝え、各学校での実践の工夫や特別支援学校における学習評価の実際の状況の理解に役立てていただきたいと考えています。

第5節 四つの柱ごとの研究協力機関の実践
1 観点別学習状況の評価の実践
　　愛媛大学教育学部附属特別支援学校
　　千葉県立八千代台特別支援学校
2 学習評価を指導の改善に生かす実践
　　鹿児島大学教育学部附属特別支援学校
　　福島県立いわき養護学校
　　岩手大学教育学部附属特別支援学校
3 学習評価を児童生徒への支援に活用する実践
　　京都府立舞鶴支援学校
　　千葉県立特別支援学校流山高等学校
4 組織的・体系的な学習評価を促す実践
　　広島県立庄原特別支援学校
　　静岡県立袋井特別支援学校

第5節　四つの柱ごとの研究協力機関の実践

1　観点別学習状況の評価の実践

実践の概要

　観点別学習状況の評価の実践例としては、学習状況を分析的に捉える評価の観点の設定と評価規準の設定、目標に準拠した評価の実践が挙げられます。「体系的な学習評価のPDCAサイクル概念図」で示したように、観点別学習状況の評価の在り方では、特に「P」の部分と「C」の部分に関係があります。「P」の部分で、単元の目標を設定し、単元の授業計画を立て、具体的な指導計画を立てる場合には、観点別学習評価の観点の設定と評価規準の設定が大きな要素になると考えます。それは、観点を設定することで、目標に照らしたより具体的な指導計画の作成につながるからです。このことは、「D」の教育活動の実施や、「C」の学習状況の評価にも関連してきます。

　研究協力機関では、それぞれの学校が工夫を凝らして、観点別学習評価の観点と具体的な学習状況を想定した評価規準設定の取組、学習状況を分析的に捉える観点別学習状況の評価の実践に取り組んでいます。

　また、本項では、学習評価の研究の柱として掲げた観点別学習状況の評価の在り方について、①目標に準拠した評価、②生きる力が身に付いているかを評価する視点、③観点ごとの評価規準の設定、の視点から検討しています。

　知的障害教育では、「生きる力」につなげていく実践を大切にしてるので、これまでに各学校が取り組んできた実践に、観点別学習状況の評価の実践を加えることでどのような効果が上げられるのか、「生きる力」をはぐくむ教育活動がどのように充実していくのかという視点で各研究協力機関の実践報告を見ると概要がつかみやすくなると考えます。

　各研究協力機関の実践の特徴は次の通りです。

　愛媛大学教育学部附属特別支援学校の特徴としては、キャリア教育の視点からこれまで充実してきた授業を評価する仕組みに、児童生徒の「生きる力」を評価するシステムとして観点別学習評価を取り入れた取組となっています。

　千葉県立八千代特別支援学校の特徴としては、「指導と評価の一体化」を意識した学習指導案における分析的観点に基づく評価規準設定の取組を進めています。

第Ⅱ章　実践編

■ 愛媛大学教育学部附属特別支援学校の実践

1）学校の概要

　本校は、松山市の中心部からほど近い市街地に位置する、知的障害を主たる障害とする児童生徒を対象とした特別支援学校です。小学部は18名（各学年3名：低・中・高学年別の複式学級を編成）、中学部は18名（各学年6名）、高等部は24名（各学年8名）の60名が在籍しています。学校から車で約30分の場所には日常生活訓練施設「みかんの家」や農場があり、宿泊学習や農耕作業学習等に活用しています。

写真 2-1-1　学校の外観

　本校では創立以来、一貫して児童生徒の自立と社会参加、就労を実現するための教育研究活動を継続してきました。平成20年度以降は、キャリア教育の視点から教育活動全般を見直し、卒業後の「働く生活」の実現を目指した研究実践を積み重ねています。

2）教育の基本方針

　本校は、学校の教育目標に「たくましく生きぬく力をもつ子どもの育成～全ての子どもの自立と社会参加、就労の実現を目指す～」を掲げ、自主的・主体的な生活のできる子ども、学校生活・家庭生活・地域生活・職業生活などの場で役割を果たし貢献できる子どもを育てることを基本方針として教育実践に当たっています。以下は学校の教育目標を受けて設定している重点目標です。

　①子ども一人一人の障害の状態やニーズを把握して、発達的視点に立った適切な教育的支援を行い、子どもの可能性を最大限に伸ばす。
　②小学部・中学部及び高等部12年間の指導の連続性を重視した一貫教育を行い、自立し社会参加し、就労するために必要な力を培う。
　③家庭、地域社会及び関係機関との連携を図り、個別の教育支援計画及び個別の指導計画を作成し、就学時から高等部卒業までの一貫した自立的支援に努める。

3）教育課程

　小学部は、日常生活の指導、生活単元学習、遊びの指導、中学部・高等部は

作業学習、生活単元学習と、「領域・教科を合わせた指導」を中心とした教育課程を編成しています。中学部・高等部が週2日（6単位時間）、合同で作業学習を実施し、中高一貫した視点で指導を行っている点が特色の一つです。

教科として、小学部は音楽・体育、中学部・高等部は音楽、保健体育を行っています。また、中学部・高等部は総合的な学習の時間を設けています。自立活動については、教育活動全般を通じて、一人一人の実態に応じた指導を行っています。

4）学校の特色

愛媛大学附属学校園は、附属高等学校及び愛媛大学持田キャンパス内に隣接する教育学部附属幼稚園、同小学校、同中学校、同特別支援学校の5校園からなり、その特色と各校の取組を生かして、共通の理念に基づく教育を実践しています。

【共通教育理念】「未来を拓く人材の育成」

　子どもたち一人一人が能力を十分に発揮することによって自らの人生の可能性を開くとともに、一人一人の特質を生かしながら未来社会の発展に寄与する。

【養いたい三つの力】「ともに生きる力」「たくましく挑戦する力」「知を追い求める力」

　本校では、この共通教育理念を受けて知的障害のある児童生徒の教育を行うとともに、愛媛大学教育学部の附属校として、①教育の理論及び実際に関する研究並びにその実証、②教育学部における学生の教育実習や介護等体験の実施、③実践的研究の成果を生かした地域における特別支援教育のセンター的機能の発揮という三つの使命を担っています。

5）学習評価の取組の概況

①本校研究の経緯

本校では平成20年度より、キャリア教育の視点に立ち、12年間の連続性、継続性のある教育活動の見直しを図ってきました。この研究を推進するにあたり、当初よりその柱立てとしてきたのは①体系的な研究組織の確立、②授業づくり、③家庭及び地域・関係機関との連携の三つになります。本校の学校の教育目標にある自立と社会参加、就労を実現すること、つまり全ての児童生徒の「働く生活」を実現するためにキャリア教育、あるいは「キャリア発達を支援する」という視点は欠かせないものです。平成25年度より、研究副主題を「生活意欲・働く意欲を育てる授業づくりを通して、キャリア発達を支援する」と

第Ⅱ章　実践編

し、先の研究の柱を踏まえつつ、授業改善に特化した研究実践を進めています。

②キャリア教育の実践と学習評価の意義の捉え

　本校では、これまで研究のベースに置いてきたキャリア教育と、学習評価の視点は深く関連し・補完し合うものと捉えて、取組を進めています。「生活意欲・働く意欲を育てる」ことは、すなわち「生きる力を育てること」と捉えているからであり、キャリア教育も学習評価も目指すところはこの「生きる力をどう育てるか」にあるからです。

　児童生徒一人一人の「生きる力」を育てるための授業改善を図るために、本校では「A 単元・学習内容設定の工夫」、「B 学習環境・支援の工夫」、「C 評価の工夫」という授業づくりの三つの柱を設定しています。組織的研究の基盤に立ち、これら三つの柱に沿った授業づくりを丁寧に進めることで、児童生徒が主体的に課題解決に取り組む授業の在り方が明らかになってきたことは、これまでの研究の成果です。本校では、学習の主体者である児童生徒が「生きる力」を身に付け、「目指す子ども像」に迫ることができているのかという研究本来の目的に沿った成果を分析的に評価し、さらなる学習指導の改善を図る視点として、学習評価の4観点（関心・意欲・態度、思考・判断・表現、技能、知識・理解）が有効であると考えました。

③学習評価の取組概要

1. 観点別学習評価の実践について

　授業づくりの三つの柱は、教師が授業を評価するシステム、つまり「授業評価の仕組み」であると捉えています。本校ではここに、児童生徒の「生きる力」の育ちを評価するためのシステム、つまり「子どもの評価の仕組み」を組み入れたいと考えてきました。本校ではこれまで「キャリア発達段階・内容表（本校版）」を根拠とした目標・課題設定を行ってきましたが、さらに学習評価の観点から分析的に目標・課題設定、支援の手立て、評価の在り方を捉え直そうとしました。

2. 組織的・体系的な学習評価を促す実践について

　本校では、研究活動全般を組織的に推進するための委員会を設置し、全教職員による三つの研究の柱に沿った縦割り研究グループを編成しています。学習評価の実践を進めるにあたり、「目指す子ども像」を具体化した「身に付けたい力（4観点設定の趣旨）」を研究の中核に据え、学習評価の観点を、全ての研究実践を分析的に捉え直すための視点として位置付けました。学校の教育目標を具現化するために、全ての教育活動をつなげる重要なツールである個別の

教育支援計画・指導計画等の見直しを始め、教職員の共通理解のもと、目標に準拠した妥当性のある評価規準を設定するための資料作成等、組織的・体系的な学習評価を促す実践を進めてきました。

6)「観点別学習状況の評価」に係る本校研究の概要と経緯
①本校研究主題について

本校では、「たくましく生きぬく力の育成～すべての児童生徒の自立、社会参加、就労の実現を目指す～」という学校の教育目標を具現化するため、平成20年度より一貫して、以下の研究主題のもと実践に取り組んでいます。

―卒業後の「働く生活」を実現するために―

教育目標にもある「就労」は大切な目標の一つですが、研究主題を「就労の実現」ではなく「働く生活の実現」としたのは、学校卒業後50年、60年という彼らの人生に焦点を当て、研究のゴールを「どうすれば質の高い、豊かな生活を送ることができるか」に置いたことによるものです。そこで必要とされるであろう「能力・態度」を確かに育成することによって、「たくましく生きぬく力」つまり「生きる力」が育つと考えるからであります。

約7年の研究過程において、研究実践の主たる目的が、キャリア教育推進の土台作りから、キャリア発達を支援するための授業の改善、つまり「キャリア発達を促し、生きる力を育てる授業はどうあるべきか」へとシフトしてきました。

②キャリア教育の視点と本校研究のキーワード

キャリア教育とは、「一人一人の社会的・職業的自立に向け、必要な基盤となる能力や態度を育てることを通して、キャリア発達を促す教育（中央教育審議会答申，2011）」とされています。本校の研究は、「生きる力」の視点でこれまでの教育活動や指導・支援を見直そうとするもので、キャリア教育の視点は本校の目指す研究実践の考え方そのものです。

本校の教育課程は、「領域・教科を合わせた指導」を中心に編成しています。このことは、学校の教育目標を具現化し、知的障害のある児童生徒の確かな「生きる力」を育てるためには、「領域・教科を合わせた指導」において、現実の生活を素材とした学習を展開することが最も適当であるという考え方に立っています。あえて言うならば、知的障害のある児童生徒にとって分化しにくい領域・教科等に分けない形で学習活動を編成し、そこでの主体的行動を「本物の生活」において積み重ねることが、「生きて働く力」を育てる一番の方法であ

第Ⅱ章　実践編

るということです。

　「働く意欲」・「生活意欲」・「基本行動」は、「生きる力」を育てるための視点として、本校研究の重要なキーワードとなっています。これらのキーワードに沿って、以下のように「領域・教科を合わせた指導」を見直そうと考えました。

> 作　業　学　習　→　「**働く意欲**」を育てる授業であるかどうか
> 生　活　単　元　学　習　→　「**生活意欲**」を育てる授業であるかどうか
> 日　常　生　活　の　指　導　→　「**基本行動**」を身に付ける指導であるかどうか

　ここで、図2-1-1に沿って、これらのキーワードについて簡単に解説します。

　「働く意欲」は、職業観を育てることと捉えています。社会自立・職業自立に必要な生きた力を身に付け、働くための実用的能力や社会的能力を高める中で育成されるものと考えています。

　「生活意欲」は、勤労観を育てることと捉えています。家庭生活・学校生活・地域生活・職業生活に主体的に参加し、自分の役割を果たして貢献する生活を積み重ねる中で育成されるものと考えています。働く意欲を育てるためには、この生活意欲が育っていることが条件であると考えます。

図2-1-1　本校研究のキーワード

　「基本行動」とは、「基本的生活習慣及びあいさつ・返事・要求・マナーなど日常生活や社会生活において最低必要な基本的な内容」で、生きていく上で誰もが身に付ける必要のある行動であると捉えています。

　基本行動の指導を通して、基本的生活への自信や自己コントロール力が高まって初めて、生活意欲・働く意欲が育つと考えます。

7）授業改善に焦点を当てた研究の方策
①授業づくりの三つの柱（授業評価の仕組み）の設定

　本校では、授業づくりに焦点を当て、児童生徒のキャリア発達を支援するための取組を進めるに当たり、「A　単元・学習内容設定の工夫」、「B　学習環境・支援の工夫」、「C　評価の工夫」という授業づくりの三つの柱を設けました。この柱は、児童生徒の主体性を最大限に引き出し、生きる力の土台となる「生

第 5 節　四つの柱ごとの研究協力機関の実践

活意欲」、「働く意欲」を育てるための道筋を明らかにしようとするものです。図 2-1-2 は、この三つの柱を軸とした授業改善のサイクルをイメージしたものです。

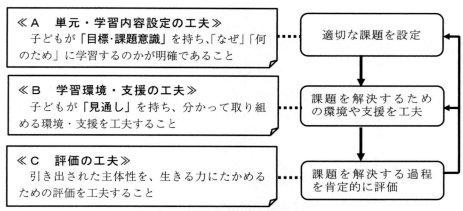

図 2-1-2　授業改善の三つの柱と授業改善のサイクル

　これらの柱を設定する以前においては、必ずしもその授業で達成したい目標や、そのための支援の手だてに沿った視点から授業が評価されないケースが、本校の授業研究においても少なくなかったと認識しています。これらの反省に基づき、キャリア教育の視点でいえば、児童生徒自身が「なぜ」「何のために」その課題に取り組み、その解決の過程での学びを自分の生活・人生へと意味付け、価値付け、「生きる力」を育てる学習が展開されているかどうかを検証することが必要であると考えたからです。本校では、これら三つの授業づくりの柱による見直しを「授業評価の仕組み」と捉えました。

　三つの柱に沿って授業を計画・実践し、同じ柱で授業を評価することにより、以下のような成果を得ることができました。

○「A　単元・学習内容設定の工夫」を検討することをとおして
　活動の目的や意義、さらに一人一人の課題設定の意図が明確で必然性があることを常に念頭に置いた授業づくりを検討してきました。このことにより、児童生徒の年齢・段階にふさわしい生活を単元化し、一人一人の能力・実態に応じた適切な課題（「分かる・イメージできる」課題）を設定することができるようになりました。

○「B　学習環境・支援の工夫」を検討することをとおして
　知的障害のある児童生徒が課題に取り組むに当たって、解決への見通しの

第Ⅱ章　実践編

持てる、一人一人に応じた適切な環境的支援がなされなくてはなりません。児童生徒が持っている力を100％発揮して主体的に課題を解決するために必要な環境はいかにあるべきか、またその過程で、児童生徒にとって本当に必要な支援（最小の支援）をどう精選すればよいのかが明らかになってきました。

○「C　評価の工夫」を検討することをとおして

　大きな成果は、「生活集団の中で自分の役割を果たし、周囲から認められる」ことで自己効力感を感じる経験の積み重ね、つまり適切に評価をフィードバックすることが、「生きる力」の基盤であることを確認できたことです。そのためには、授業において「何を」「だれが」「いつ」「どのように」評価すればよいのかが、少しずつ明らかになってきました。

こうした成果から、確かにこれまでとは違う、児童生徒が主体的に課題解決に取り組む授業に迫りつつあることが実感できました。しかし、研究の成果、あるいは授業実践の結果として、「生きる力」が確かに育ち、目指す児童生徒像に迫ることができているかどうかを検証するための視点が曖昧であることが課題でありました。

②「生きる力」の育ちを評価するための観点（児童生徒の評価の仕組み）の設定

　本校の教育目標も、キャリア教育の目指すところも「生きる力」を育むという一点において共通していることは確かなことです。しかし、そもそも「生きる力」とは何か、という根本的な問いに対する捉えが明確であるとは言い切れませんでした。このことは、これまでの知的障害教育の実践において、「領域・教科を合わせた指導」がややもすると形骸化したり、キャリア教育の視点に立った学習・指導がむやみな能力・態度の育成に終始したりするという残念な結果へとつながると考えます。

　本校の研究の目的を達成するためには、「生活意欲・働く意欲を育てるための授業づくりを通して、『生きる力』が確かに育っているか」という成果を検証するための、分析的な視点が必要であると考えました。

　学校教育において、児童生徒の生きる力をはぐくむということは、すなわち確かな学力を身に付けるということです。「初等中等教育における当面の教育課程及び指導の充実・改善方策について（中教審答申，2003）」では、新学習指導要領の基本的なねらいは「生きる力」の育成にあるとし、「各学校では、［生

第5節　四つの柱ごとの研究協力機関の実践

きる力]を知の側面から捉えた[確かな学力]育成のための取組の充実が必要」であるとしています。さらに同答申では、「確かな学力」とは、「知識や技能はもちろんのこと、これに加えて、学ぶ意欲や、自分で課題を見つけ、自ら学び、主体的に判断し、行動し、よりよく問題を解決する資質や能力等までを含めたもの」であるとしています。このことは、基礎・基本を重視しつつ、様々な能力を身に付ける過程で質の高い人生を豊かに生きぬくための意欲や主体性を育てるという、本校の研究が目指すところと全く一致するものです。

「児童生徒の学習評価の在り方について（文部科学省，2010）」では、学校教育法及び学習指導要領総則において示された「学力の3要素」を踏まえ、評価の観点に関する考え方が以下のように整理されました。

> ≪学力の3要素と評価の観点≫
> ○ 基礎的・基本的な知識・技能
> 　　→「知識・理解」「技能」において評価
> ○ 課題を解決するために必要な思考力・判断力・表現力
> 　　→「思考・判断・表現」において評価
> ○ 主体的に学習に取り組む態度
> 　　→「関心・意欲・態度」において評価

本校では、目標設定の目安としてきたキャリア教育の視点による「育成したい能力・態度」を、このような観点別学習評価の4観点から分析的に捉え直し、その達成を目指すことにより、「生きる力」を確かにはぐくむことのできる授業へと改善を図ることができると考えました。そこでまず、学校の教育目標と、それを具体化した「目指す児童生徒像」を踏まえ観点別学習評価の4観点から「身に付けたい力」として整理し、評価観点設定の趣旨としました。

これらの趣旨に沿って評価規準を設定することにより、児童生徒に身に付けたい力がより明確になり、設定した目標について、児童生徒がどのような学習状況として実現すればよいかが具体的に想定できると考えたからです。また、キャリア教育の視点に立った各単元・授業における「育てたい能力・態度」の妥当性が確保され、「授業評価の仕組み」がより機能するものとなるはずであり、このことは、観点別学習状況の評価を、学習指導の改善に生かす取組そのものであると考えました。

さらには、この4観点の趣旨を本校における教育実践の中枢に据えることで、これまで取り組んできたキャリア教育の視点に立ったすべての教育活動の一貫性を、指導の過程と結果の要約である指導要録の評価に至る道筋から明らかに

第Ⅱ章　実践編

```
【学校の教育目標】 → 本校として、どのような子どもを育てるかを示したもの
          ↓
〔目指す子ども像〕 → 学校の教育目標を具現化した姿＝本校の教育水準
```

> 日々の教育実践の結果として、〔目指す子ども像〕に迫ることができているか、またそのための指導が展開できているかを見取るための、妥当性・普遍性のある評価の観点及び「規準」が必要

身に付けたい力（4観点設定の趣旨）

（関心・意欲・態度）
　自分の思いや願いを大切にしながら、学校生活、家庭生活、地域生活、職業生活などの多様な生活に関心を持ち、自ら課題に取り組み、役割を果たして貢献しようとする。

（思考・判断・表現）
　学校生活、家庭生活、地域生活、職業生活等における多様な課題を、自分のよさを生かして解決するために、必要な知識・技能を活用したり、考えたこと・決定したこと等を表現したりしようとする。

（技能）
　学校生活、家庭生活、地域生活、職業生活を送るために必要な情報を集めたり確かな技能を身に付けたりする。

（知識・理解）
　学校生活、家庭生活、地域生活、職業生活を送るための正しい知識を身に付け、自分の役割や、自分にできることを理解する。

　　　　　　↓
各学習場面における評価規準の設定

できると考えました。

③「授業評価」と「児童生徒の評価」の関連

　「評価」は、「何を」「だれが」「いつ」「どのような方法で」「どう生かすか」により、本来、多層構造であるものです。こうした意味で、本校の「授業づくりの三つの柱」でいう授業における「形成的評価」と、指導要録における「総括的評価」は深く関連しつつも、目的や質の異なるものといえます。

　図2-1-3は、「授業評価」と「児童生徒の評価」を学習評価の視点から整理したものです。目標に準拠した評価とするためには、授業づくりの視点と児童生徒の活動を見取る視点が一致していることが重要です。観点別学習評価の4観点はそのための重要な視点であると考えました。

第5節　四つの柱ごとの研究協力機関の実践

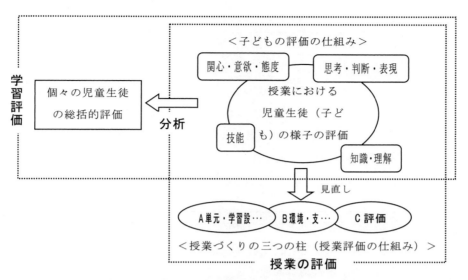

図2-1-3　学習評価の視点からみた「授業評価」と「児童生徒の評価」のイメージ図
（平成25年度　専門研究Bにかかる第2回研究協議会　講義「学習評価の基本的な考え方及び観点別評価の理解」より引用、一部改変）

8）学習評価の観点に立った指導実践事例

以降は、授業づくりの三つの柱に沿って、学習評価の観点に立った実際の指導実践事例を紹介します。つまり、授業づくりにおける三つの過程それぞれについて、観点別学習評価の四つの側面から検討を加えた事例となります。

①授業づくりの柱A「単元・学習内容設定の工夫」より

本校の授業研究では、課題設定と、そのための実態把握を特に重視しています。1時間の授業あるいは単元を通して結果として何を育て、何を身に付けさせたいのかを明らかにし、課題が適切であるかどうかを見極めることは、児童生徒のキャリア発達を促す授業になり得るかどうかの重要な分岐点となるからです。分析的な視点で結果を評価するためには、当然その結果につながる課題や解決の過程を同じ視点で分析する必要があります。「評価規準」の設定は、単元・授業の目標・目的を明確なものとするために重要です。

ここでまず取り上げる、「じゃがいもの袋

写真2-1-2　じゃがいもの量り分け

第Ⅱ章　実践編

詰めをする」活動はその一例です。児童生徒の実態にもよりますが、この場合、

> はかりの目盛りをよく見て正しく量り、袋詰めをする

ことが一般的な課題となります。この課題から期待される行動のみに目を向ければ、はかりの目盛りをよく見て間違いなく量り分けるために、目盛板に印を付けるといった支援の手立てが考えられるでしょう。しかし、これで十分といえるでしょうか。

　この課題を解決する過程で児童生徒に身に付けたい能力・態度を、4観点で分析し、評価規準を設定すると、次のような能力が求められます。

```
　1　自分の分担に責任を持つ（関心・意欲・態度）
※2　状況に合う行動を判断する（思考・判断・表現）
　3　活動に用いる機械等を操作する（技能）
※4　いろいろな道具や機械の仕組み、操作などを理解する（知識・理解）
```

　観点別評価は、児童生徒の「生きる力」を育てるための指導を充実させることをねらいとしたものですが、この課題を4観点で分析的に見直すことにより、見落としがちな視点があることに気付かされます。ここでは、※2、※4の観点について取り上げてみたいと思います。

　まずは、※2でいう「状況に合う行動を判断する」とは、どのような姿であるかという問いです。我々は、知的障害がある児童生徒たちの思考・判断する力にどこまで目を向けてきたでしょうか。極端にいえば、この児童生徒たちに思考・判断する力を育てることを、どれだけ真剣に考えて授業づくりを行ってきたか、という問いかけでもあります。この場合でいえば、まず求められる「状況に合う行動」とは、決められた範囲に秤の針が収まらない（軽すぎる、あるいは重すぎる）場合、どの大きさのじゃがいもを選んで除いたり、足したりするかという判断です。そうした視点から児童生徒の実態を把握できているかどうかの検討が必要です。何より重要なことは、同じ重さに量り分けて袋詰めをすることの意味や、量り分けることそのものの目的（販売をする等）理解に関わる実態を確かに把握し、それに対応した手立てを工夫することではないでしょうか。

　※4については、必要な道具である「はかり（秤）」を使用するに当たって、その道具の持つ働きや機能をどこまで理解して使用できるかを把握しておくこと、これも、一人一人の活動を設定する際に見落としがちなポイントです。

第5節　四つの柱ごとの研究協力機関の実践

こうした分析は、児童生徒の実態に応じた活動設定がなされているかを見直し、さらには持っている力を100％発揮することで解決できる適切な課題をどう設定するかを検討するに当たっての視点となります。問題なく一見「できている」姿でなく、「確かに分かってできている」姿を引き出す課題設定や支援により、確実に児童生徒の「生きる力」につなげることが大切であり、この点が、4観点で評価を行うことの重要な意義であると考えます。

②授業づくりの柱B「学習環境・支援の工夫」より

課題を解決するための環境的支援は、児童生徒が見通しをもち、分かって取り組める主体的行動の積み重ねを保障する上で重要です。本校では「過程に働きかける支援」を重視していますが、支援の在り方を検討する上で、学習評価の観点から分析する必要があります。「主体的に課題を解決する」とは、授業のねらい、目標に沿って活動に取り組む姿であると考えるからです。

ここで紹介する事例は、中学部1年生の生活単元学習「学級の友達とそうめん流しを楽しもう」において、2人組で道具の準備や役割分担を話し合い、計画を立てる活動場面です。以下は、Aさんが話合い活動に取り組むに当たっての評価規準の一部となっています。

> ・ 活動の目的を考えながら自分の意見を言う（思考・判断・表現）
> ・ 思いや意見を相手に分かりやすく話す（技能）

Aさんが活動の目的に沿って考えを整理し、話合いを進めることができるよう、そうめん流しの実際の活動場面を小型模型で再現し、それを操作しながら自分の意見を述べることができるようにしました。

また、相手に自分の思いや意見を分かりやすく伝えながら話合いを進めるためには、正しい話し方や話合いのきまりを意識する必要があると考え、以下のような学習カードを準備しました。

写真 2-1-3　模型を操作しながら考えを述べるAさん

写真 2-1-4　実際に使う道具を準備するAさん（左）

第Ⅱ章　実践編

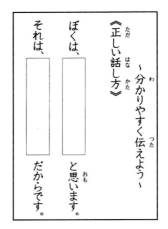

図 2-1-4　話合いのきまり（左）と正しい話し方を示した話形カード（右）

　これらの手立てにより、相手の立場を意識し自分の考えを正しく伝えながら、実際の活動への見通しをもち、目的に沿って話合いを進めることができました。話し合った内容が実際の活動において確かに生かされる経験を保障することができ、学習のねらいを達成することができました。

③授業づくりの柱Ｃ「評価の工夫」より

　本校では、評価を考える上で、「できたか」「できなかったか」という結果ではなく、課題解決の過程における児童生徒の意識（内面）の育ちを、指導者がどれだけ適正に見取っているかを重視しています。学習評価の観点は、授業の目的である「何を評価することが生きる力につながるのか」を明らかにするための視点として、生かされるべきだと考えます。重要なことは、課題分析時に設定した観点に沿って、その課題を解決する姿を評価することであると考えます。

　紹介する事例は、中学部２年生の生活単元学習「オレンジハウス号で湯築市にお店を出そう」において、出店の準備に取り組む活動です。知的障害のあるＢさんにとっての関心・意欲・態度の評価は、分かりやすい活動において、具体的な行動規準でなされる必要があります。ここでは、発泡スチロールカッターを用いてお店の看板用の文字を切り抜く活動を設定しています。以下は、Ｂさんが活動に取り組むに当たっての評価規準の一部です。

> ・　手元をよく見て、活動に取り組む（関心・意欲・態度）

　もともと道具を操作して取り組む活動に興味をもって取り組むＢさんですが、この場合の評価は、「手元を注視して」取り組む姿がその基準となります。

活動途中（課題解決の過程）において、手元をよく見て（目視確認し、自己評価しながら）取り組めているかどうかを、学級の友達とともに、映像で記録した自分の姿を見て振り返ることで、Bさんも目標に沿って取り組めた実感を味わうことができました（写真2-1-5）。

本校では、生きる力を育てる授業の在り方として、「意識に働きかける評価」を重視していますが、「評価すべきはどのような意識の表れる行動であるのか」を検討する上でも、学習評価の観点は重要であると考えます。

写真2-1-5　Bさんの活動の様子（左）と、映像による評価場面（右）

9）成果と今後の課題

　知的障害のある児童生徒の「生きる力」をはぐくむために、具体的にどのような力を育てればよいのかという視点が分析的に明確にできたことは、観点別学習評価の実践による成果です。本校でこれまで推進してきたキャリア教育の視点及び、授業づくりの三つの柱に沿った研究との関連を検討することで、評価と学習指導との一体化の在り方が明らかになってきたことを実感しています。

　引き続き、こうした視点からの形成的な評価を積み重ね、学習指導の改善を図っていますが、これらの蓄積を基にした総括的な評価をどう進め、児童生徒の次なる課題の設定に生かすことが、「生きる力」を育てることにつながるのかを検討していくことが、今後の課題として考えられます。

第Ⅱ章　実践編

■ 千葉県立八千代特別支援学校の実践

1）学校の概要

千葉県立八千代特別支援学校（以下、本校）は、知的障害者に対する教育を主として行う特別支援学校として、昭和54年4月に開校しました。千葉県北西部に位置する八千代市内に設置された学校です。八千代市と隣接の習志野市が学区となっています。開校当初

写真2-1-6　学校の外観

は、森林に囲まれ豊かな自然環境にありましたが、近年本校周辺では住宅の建設等地域開発が著しい状況となっています。また、平成19年度特別支援学校の体制になって以来、肢体不自由を併せ有する児童生徒を含め在籍数が増加し、過密化が進んでいます。平成26年5月現在、在籍児童生徒数は211名であり、開校以来最多となっています。

2）教育の基本方針

学校教育目標は、「自ら学び、生きる力を高める児童生徒の育成」です。本校では、目指す児童生徒像を図2-1-5のように示し、教職員間では「八千代の生きる力」として学校経営ビジョンを共有しています。自分から学ぶ児童生徒となるように、その力こそが生きる力になると考え、学びに満ちた学校づくりを目指しています。

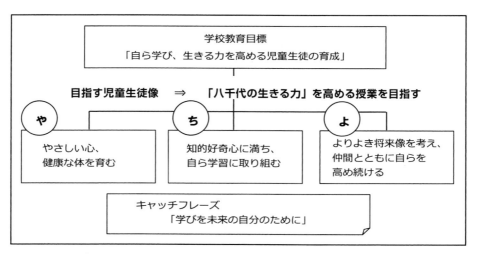

図2-1-5　学校教育目標と「八千代の生きる力」

第5節　四つの柱ごとの研究協力機関の実践

3）教育課程

　本校は、小学部、中学部、高等部の3学部で構成されています。3学部の普通学級は、領域・教科を合わせた指導と教科別の指導からなる知的障害教育の教育課程を編成しています。また、小学部と中学部の重複学級では、自立活動を主とする教育課程を編成しています。特に、「生活単元学習」「作業学習」は学習成果を積み重ねてきた分野でもあり、これまでの蓄積をベースに現状に見合った方法で指導しています。

4）学校の特色

　本校は、これまで近隣に肢体不自由教育を主とする特別支援学校があるために、重複障害のある児童生徒が比較的少ない、知的障害中心の特別支援学校

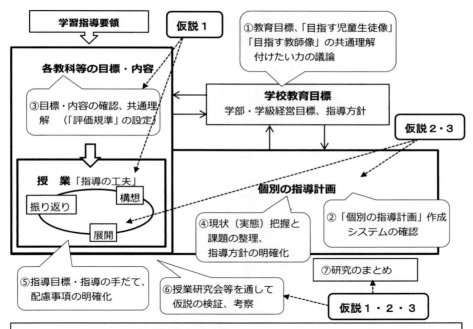

図2-1-6　校内研究の全体構想図

第Ⅱ章　実践編

でした。しかし、平成 19 年度以降重複障害のある児童生徒が増えています。八千代市内に私立医科大学附属医療施設が開設されて医療的ケアの必要な児童生徒も在籍するようになっています。また、本校では、保護者の協力により、開校以来、全国公開研究会を実施してきた歴史があり、保護者は本校の教育活動に非常に協力的です。

５）学習評価の取組の概況
①学習評価に関する校内研究の概要

　本校では、平成 24 年度から 2 年間、研究主題を「一人一人の学ぶ力を育む指導の工夫」と設定して、体育、職業・家庭、職業、家庭に焦点を当てて研究（以下、校内研究）を進めてきました。問題の所在として、本校の授業づくりで児童生徒が授業の中で何を学んだかが分かる授業としていくために学習指導要領を基に、指導する内容を本校の児童生徒の現状に応じて具現化する必要があると考えました。図 2-1-6 ①〜⑦に示した手順で課題の解決に取り組みました。

②何を教えるのか、を形にして共有する取組

　授業づくりを検討する中で、成果の一つとして、中学部において授業づくりの過程（授業の構想－展開－振り返り）を共通書式にして具現化していくこと

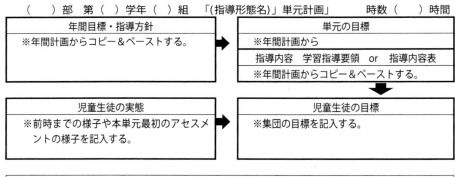

図 2-1-7　単元計画の書式

ができました。これは、単元の計画と展開が、一部の授業者任せにならないように、授業づくりの過程を分かりやすく形にしたものです。授業展開は、この書式を活用して、授業者全員で指導内容（なぜ、何を教えるのか）、単元構成や指導方法（どのように教えるのか）を共通理解しながら実践できるようになっています。

平成26年度からは、この書式を学習評価と授業評価を記述できるように改良し、「単元計画（図2-1-7）」として3学部全体の書式として使用しています。

③学習評価を次の授業に生かす取組

成果の二つめとして、学習指導案において、集団と個別の単元目標及び観点別学習評価の4観点に基づく評価規準を記述することができました。なお、本校にとって、評価規準の記述は、従来の学習指導案を改訂していくことであり、評価の観点を持つことをより明確に授業者に求めることになりました。そこで、研究部では、学習評価を行うこと自体が最終目的ではないことを説明して、学習指導案を改訂する意義を共有しました。

表2-5-1　指導の根拠を説明できる指導と評価の仕組み

	何を	いつ	だれが	形式
児童生徒の学習評価	個人目標の達成度	毎回の授業	授業者	単元計画 個別の指導計画 学習指導案
教員の授業評価	授業の実践（自分の授業）	毎回の授業	授業者 授業参観者 （全員）	単元計画 授業研究会 授業者間で
授業形態ごとの（各授業）評価	年間指導計画（授業ごと）	前期・後期ごと	授業者	単元計画 年間指導計画
教育課程の評価	単元・題材の指導計画	単元・題材終了時 前期・後期ごと	全員	学部や教育計画係の評価計画にそって

学習評価は、児童生徒のよりよい学びのために、1）児童生徒の学習状況、進歩の状況を把握するため、2）次時の授業、次年度の授業に生かすため、3）私たちの授業する力を高めるため、などを実現させていくための手段であることを共有することができました。本校が指導内容（なぜ、何を教えるのか）、単元構成や指導方法（どのように教えるのか）を考えていく上で、観点別学習評価の4観点に基づく評価規準の導入はよい契機となりました。今後、さらに評価規準の設定は、指導目標や手だての妥当性、信頼性を意識し、授業改善につながっていくと考えます。

第Ⅱ章　実践編

④学習評価を教育課程全体の評価に生かす取組

　児童生徒の学習評価として、学習指導案上で判断の基準を表すことはできました。ただし、重要なのは、学習評価を学校の教育活動全体の改善に結び付けることです。学習評価を行うということは、そもそも「単元の評価は？」「年間指導計画の評価は？」「指導内容の見直しは？」「授業の時数は？」といった授業づくりと教育課程の評価を関係付けていくことです。しかし、教育課程に関わる仕組みづくりを研究部だけで実現することはできません。本校にとって、そのキーパーソンは教務主任（教務部）です。そこで、校内研究の取組（研究部）と教務部が連携し、学習評価を教育課程全体の評価に生かす仕組みを検討することとしました。既存の教育課程検討委員会において、教育活動全体の改善には、1）児童生徒の学習評価、2）教員の授業評価、3）指導形態（各授業）ごとの評価、4）教育課程の評価、の4点（表2-1-1）が必要であるとおさえました。これを指導の根拠を説明できる指導と評価の仕組みとして共有しました。この仕組みの構築は、国立特別支援教育総合研究所の研究において「四つの柱」として示された組織的・体系的な学習評価の促進を促す方策の一つであると考えています。

　なお、平成26年度の研究主題は、「『八千代の生きる力』を高めるための指導内容の整理と授業づくり」として文言を変えましたが、構築した仕組みは確実に引き継がれています。

6)「観点別学習状況の評価」に係る本校研究の概要と経緯
①学習指導案における4観点に基づく評価規準の設定

　本校では、学習指導案の基本形式を改訂して、「単元の評価規準」と「単元における個別の目標及び評価規準」を記述することにしました。研究部からは「観点を持つ」「判断の基準を定める」ことの意義を「1）児童生徒一人一人の学習状況を多面的に捉える」、「2）活動ありきではなく、学んでほしいことが着実に身に付くための授業づくりを意識できる」、「3）学習評価と授業評価は授業改善につながる」と説明しました。これらを共有した上で学習指導案の基本形式について、児童生徒の実態を把握しながら指導・評価するという「指導と評価の一体化」を意識して項立てを図2-1-8のように共有しました。作成上のポイントとしては、以下の3点です。
1)「2　単元について」の「(1) 本単元までの指導経過」では、年間指導計画の中での単元の特徴や他単元との関連を示すようにします。また、「(3) 学

第5節　四つの柱ごとの研究協力機関の実践

んでほしいこと」では、指導観に関する内容として執筆します。学習指導要領、生活年齢、キャリア発達を促す教育の視点、単元後の展望などを踏まえて単元における授業者の意図を明確にしていきます。

2)「4　単元の評価規準」「5　児童生徒の実態、単元における個別の目標及び評価規準」では、「観点をもつ」ことを示しました。児童生徒のよさを引き出し、学習課題を明確にした授業を目指して4観点に基づく判断の基準（評価規準）を設定し、明記します。

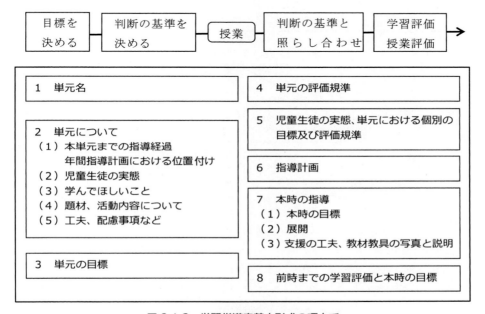

図2-1-8　学習指導案基本形式の項立て

3) 従来の学習指導案作成（「目標を決める」の部分）では、単元開始の2～3週間前から執筆をするため、どうしても単元期間中の現状とのずれが生じることがありました。そこで、「8　前時までの学習評価と本時の目標」では、実効性のある学習指導案となるように、この項は本時の授業前日までに配布できればよい、と決めて本時までの学習評価を明記できるようにしました。また、A3判横書きにして、単元終了後、設定した評価規準にどれだけ近づけたかについても記述し、一覧できるようにしました。

　これは、いわゆる「学習指導案は書くだけ。授業研究も本時の授業のみでやりっ放し」という状況を無くす本校の授業づくりの仕掛けにもなっています。

②観点別学習評価における評価規準の設定の捉え方

第Ⅱ章　実践編

　評価の４観点については、まず初めに学習指導要領で示されている学力の３要素と評価の４観点とのつながりを伝えました。そして、図2-1-9のようにラジオ体操の事例を提示して、「単元目標－単元の評価規準－個別の実態－個別の評価規準」といった判断の基準のつながりを説明しました。また、４観点の違いについては大まかな捉え方ではあるものの、児童生徒が授業の中で何を学んだかが分かる授業を実現するというこれまでの取組から、「関心・意欲・態度＝やってみたい」「思考・判断・表現＝これならできそうだ」「技能＝やってできた」「知識・理解＝やり方が分かった」の発想で判断の基準（評価規準）

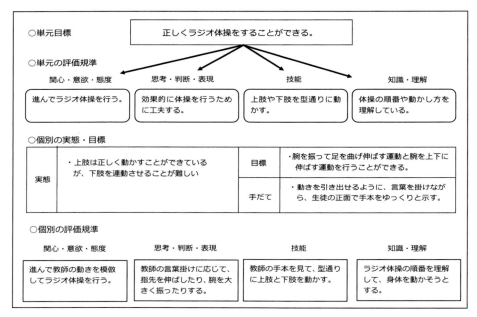

図2-1-9　単元目標と評価規準とのつながり

を学習指導案上に反映させていけばよい、と説明しました。
③実践事例「高等部作業学習」の取組
　４観点に基づく評価規準を学習指導案に記述した事例として、高等部作業学習農耕班の実践を報告します（資料2-1-1参照）。この単元は、生徒13名、授業者5名で展開し、じゃがいもを収穫し、商品として販売できる形に整え、販売するという構成です。なお、本項で資料として報告する「２　単元について」と「７（２）本時の展開」は、学習指導案成案から抜粋したものです。また、「６　指導計画」は省略して掲載しています。個別の評価規準等についても、生徒13名より２名（資料では、生徒Ａと生徒Ｂ）の掲載のみとしています。

第5節　四つの柱ごとの研究協力機関の実践

　本校では、平成24年度より、高等部ではキャリア発達を促す視点を取り入れて生徒の学習活動を考えています。本項で報告する学習指導案上においても、キャリアの4領域（「人間関係形成能力・情報活用能力・将来設計能力・意思決定能力」）の視点と指導目標の関連を明記しています。

　なお、この学習指導案における授業者の単元終了後の内省報告を記しておきたいと思います。授業者には4観点の捉え方について話を聴くと「この時期は、実習もあって授業に落ち着かないこともあって、前時の様子を見て、本時は臨機応変に対応しました（評価規準の設定について）。私たちの意図は決まっているので、観点に分けて書くときに、どう割り振っていくとか、どう当てはめるかというような迷いはなかったです」と話していました。

④個別の指導計画との関連

　学習指導案作成の前提として、本校では年間指導計画と単元計画があります。特に、単元計画（図2-1-7）では、単元終了後に集団と児童生徒個々の学習評価及び授業者の授業評価を記述できるようにしてあります。この記述内容をチームティーチングである授業者間で検討することにより、自ずと授業改善の営みが成されると考えています。また、前述のように、学習指導案上でも「8　前時までの学習評価と本時の目標」において、前時までの学習評価だけでなく、単元終了後に児童生徒個々の学習評価として設定した評価規準にどれだけ近づけたかを記述しています。したがって、本校では、1) 個別の指導計画の評価（家庭向け「通知票」の役割があります）、2) 単元計画の評価、3) 学習指導案「8　前時までの学習評価と本時の目標」における単元の評価、この3点は学習評価として連動したもの（1)、2)、3) の記述内容は同じと考えてよい）になっていて、指導と評価が一体化した仕組みになっています。

　ただし、中学部と高等部にとって学級担任と授業担当者が同一でない授業が多いので、個別の指導計画と単元計画の関係においては、どちらが記述者となるのか、評価結果をどのように学級担任に伝えていくか、という手続き上の課題があります。この課題には、学級担任と授業担当者間のコミュニケーションツールとして、「成績個票」を作成して対応しています。

⑤今後の展望

　学習指導案の基本形式を改訂して、4観点に基づく「単元の評価規準」と「単元における個別の目標及び評価規準」を記述することはできましたが、せっかくの記述（授業者間で考えたことが）が、学習指導案上のみで終始することがあっては意味がありません。したがって、本校にとって基本形式の改訂を皮切

第Ⅱ章　実践編

りに、表2-1-1に示した指導の根拠を説明できる指導と評価の仕組みづくりに着手できたことは大きな意義があると考えています。

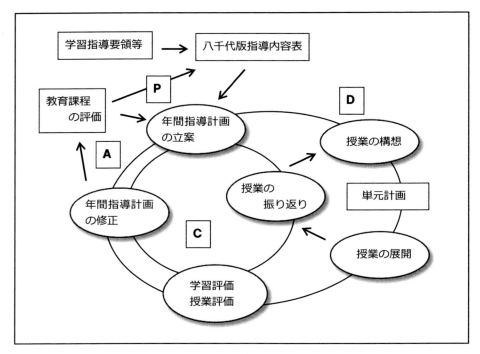

図2-1-10　本校の学習指導ＰＤＣＡサイクル

なお、仕組み（システム）は、実際に回してみて改善し続けることが重要です。図2-1-10に示してある本校の学習指導PDCAサイクルで言えば「C（評価）」と「A（改善）」についてより重視していく必要があります。

そこで、残された課題として3点が考えられます。

1) 資料に示した学習指導案でも分かるように、設定した「単元の目標」と「単元の評価規準」、そして「個別の評価規準」は対応しているのか、それぞれどのようなつながりがあるのか、についてはまだ整理が不十分です。研究部からは基本形式改訂を説明する際、ラジオ体操の事例（図2-1-9）を提示したものの、実際の学習指導案上ではそのつながりを簡潔に示すことはまだ不十分であり、今後、検討の余地があります。

2) 学習指導案上の「8　前時までの学習評価と本時の目標」と設定した「単元の目標」と「単元の評価規準」、そして「個別の評価規準」との対応についても課題は同様です。特に、単元終了後に記述する児童生徒個々の学習評価と4観点に基づく「単元の評価規準」とのつながりについては整理をし

ていきたいと考えます。
3) PDCAサイクルでは「C（評価）」と「A（改善）」が重要です。したがって、年間指導計画や単元計画のひな型自体の見直し、改善を継続させていく必要があります。授業づくりや成績処理など指導と評価の一体化の作業を効率化させるという意味からも大切な検討課題であると考えます。

　今後の展望としても、授業づくりの中核は学習指導案づくり（あえて述べるなら、学習指導案作成過程で起こった授業者間における全ての出来事を含めるもの）であると考えられるでしょう。冒頭に示した観点を持って、判断の基準を定めることの意義を踏まえて、学習指導案の基本形式も見直し、改善を続けることにより、日々の授業実践と教育課程の評価を関連付けていきたいと考えています。

【参考文献】
1) 千葉県立八千代特別支援学校（2014年）、研究紀要やちよの実践第32号（資料）
　　高等部作業学習農耕班の実践事例－学習指導案（抜粋）より－

第Ⅱ章　実践編

資料2-1-1

1　単元名　「じゃがいもを収穫し、販売しよう」
2　単元について

（1）本単元までの指導経過
農耕班では、年間を通して季節の野菜や草花の栽培、収穫、販売等に取り組む中で、卒業後に必要な資質である挨拶や返事、安全、指示理解、集中力、持続力等の支援を行っている。また、藩種から栽培、管理、収穫までの作業を「収穫・販売」という目標に向かって継続的に取り組むことで、生徒が働く喜びや成就感を味わえるように計画をしている。これは学習指導要領にある「働く喜びを味わったり、職場に必要な態度を身に付けたりする」「農業についての興味、関心を高め、意欲的に実習する」の観点に合致していると考える。 　本単元は、「じゃがいもを収穫して製品化し、販売する」という目標を設定し活動する。
（2）生徒の実態　※授業に関する実態
本授業の生徒は13名である。言葉だけの説明でも作業内容や工程を理解し、見通しを持って作業に取り組むことができる生徒、教師の言葉掛けや手を添えて支援をすると作業を行うことができる生徒、除草や運搬作業が好きで長時間継続して作業に取り組むことができる生徒等、実態は様々である。生徒によっては、収穫には積極的だが、自分の気に入った作業のみをやろうとしたりする等、作業内容によって主体的に活動できない等の課題がある。
（3）学んでほしいこと
農耕班は、「基礎的な知識や技術を学び、意欲的に作業ができる」という目標を設定している。生徒が、これまでの学習の中で、達成感や自己有用感を持つことができている体験的な活動に重点を置き、自信を持って自己を認める自己肯定感の向上を図り、活動の意欲を高めたい。また、自ら栽培・収穫した野菜の袋詰めの知識や技術、そして、就労に結びついた適切な言葉遣いを学ばせたい。将来を見据えた「働くことの意義や働く喜び、余暇活動への参加」等の卒業後に活かせることを身に付けてほしい。
（4）題材、活動内容について
本単元は、じゃがいもの収穫、販売することを目的に活動を進めていく。本時では、スーパーマーケットのバックヤードという仮想の職場環境を設定することで、包装に関する知識や技術の習得だけでなく、言葉遣いに注目した報告、連絡の仕方についての習得を目指していく。また、作業目標や結果を数値化して設定し、できたことに対してシールを貼っていくことで目標の達成度合いをその場で感じることができるようにする。これは、自己肯定感の向上へとつながりやすいと考える。 　本時は3グループに分かれて授業を展開する。ただし、一つのグループが単独で作業を行うのではなく、最終的には、3グループがそろっていないと農耕班の作業学習は成立しないように組んで展開していく。
（5）工夫、配慮事項など
○三つのグループに分けることで、生徒一人一人に指導、支援が行き届くようにする。 ○各グループで、学習の流れや作業内容、作業手順などを説明が分かるように、視覚的な環境を設定する。 ○ワークシートへの記述により、持続して取り組めた理由や次への目標を考えていけるようにする。 ○ワークシートの記述が難しい生徒は、文字カードやシールを活用できるようにする。

第5節　四つの柱ごとの研究協力機関の実践

3　単元の目標
- ○自分の意見を相手に伝え、相手からの意見もきちんと聞くことができる。【人間関係形成能力】
- ○基礎的な知識や技術を学び、意欲的に作業ができる。【情報活用能力】
- ○状況に応じた適切な言葉遣いをすることができる。【将来設計能力】
- ○自分の分担に責任を持つことができる。【意思決定能力】
- ○安全や衛生に気をつけながら活動することができる。【意思決定能力】
- ○友達と協力しながら作業学習に取り組むことができる。【人間関係形成能力】
- ○販売会では、みんなで協力し完売に向けて意欲的に販売活動することができる。【人間関係形成能力】

4　単元の評価規準

観点	関心・意欲・態度	思考・判断・表現	技能	知識・理解
評価規準	○活動内容を知り、進んで取り組む。○販売会では挨拶、返事、報告などの言葉を掛ける。○自分の仕事に責任を持って取り組む。	○状況を把握して、手伝いや活動の準備をすることができる。○場面に応じて報告、連絡、相談する。○友達と協力して作業に取り組む。	○道具の正しい扱い方を知り、安全に使用する。	○作業工程を知り、見通しを持って活動する。○指示された内容を理解している。○販売会では、商品の説明をする。

5　生徒の実態、単元における個別の目標及び評価規準

（1）個別の目標

	本単元に関わる実態	単元の目標
生徒A（赤グループ）	・与えられた仕事は最後まで取り組むことができるが、自分の役割を果たすことに集中しがちで周りの状況を確認できないことがある。・作業中の友達に対しての言葉遣いが適切でないことがある。	○作業工程を理解し、周りの友達と協力をしながら作業を進めることができる。○安全に気を付けながら、バッグシーラーを使用することができる。○敬語や丁寧語で友達や教師とコミュニケーションを取ることができる。
生徒B（青グループ）	・意欲的に作業に取り組み、挨拶や返事などは大きな声でできる。・自分の役割を果たしていく途中で注意散漫になることがある。・教師の話を繰り返し聞き返したり、話と違う解釈をしたりすることがある。	○自分の仕事を最後まで責任を持って取り組むことができる。○じゃがいもの袋詰めをし、ゆるみや袋破れがないようにシーラーをかけることができる。

（2）個別の評価規準

観点	関心・意欲・態度	思考・判断・表現	技能	知識・理解
生徒A	○活動に見通しを持ち、決められた時間、作業に取り組む。	○分からない時や終了した時は、教師に報告、連絡、相談する。○次の活動に見通しを持ち作業を進める。	○正しい動作で安全に道具を扱ったり、片付けたりする。	○作業工程内の順番や仕方を理解する。
生徒B	○教師の指示を聞き、自分の仕事に責任をもって取り組む。	○分からない時や終了した時には、教師に伝える。	○教師の指示を聞き、手順通りに作業を進める。	○教師の指示や写真を見て、手順通りに作業を進める。

第Ⅱ章　実践編

7　本時の指導
(1)　本時の目標
　○提示された作業内容を知り、最後まで取り組むことができる。【情報活用能力】
　○それぞれの作業工程で見通しを持って取り組むことができる。【意思決定能力】
　○道具の正しい扱い方を知り、安全に使用することができる。【将来設計能力】
(2)　展開

時配	活動名・指導内容	指導上の留意点	ＴＴの役割分担
10分	○服装の確認をする。【人】【将】 ○グループのリーダーに合わせて挨拶をする。【将】	・グループリーダーに注目ができるように促す。	・出欠を確認する場合は生徒の表情も確認する。
50分	○グループに別れて学習を始める 　【赤グループ　生徒4名】　＊黄色グループの記載は省略 ○本時の内容の説明を聞く。【情】 ・ホワイトボードに書いてある作業内容と手順を確認する。【情】 ・シーラーの使い方についての説明を聞く。【情】 ①じゃがいもを選別する。【人】 ②じゃがいもを計量する。【人】 ③じゃがいもの袋詰めをする。【人】 ④バッグシーラーで袋とじをする。【人】 　【青チーム　生徒3名】 ○本時の内容の説明を聞く。【情】 ①じゃがいもを運ぶ。【人】 ②値札を作る。【人】【意】 ③じゃがいもを箱に入れる。【人】 ・じゃがいもを各グループに渡したり、赤・黄グループで仕上がった製品をコンテナに入れる。【意】	・本時の内容説明は、活動量確保のためにホワイトボードに記入しておく。 ・ホワイトボードに書かれている作業内容や手順は、写真や図を使って分かりやすく説明する。 ・赤チームはグループでペアを作り、お互いに作業内容や手順を確認し合いながら進めるようにする。 ・個別で写真を準備して、説明をする。気持ちが乗らないときは、言葉掛けをしながら活動の意欲を促す。 ・値札の作成は、シールを準備して、そのシールに数字の判子を押していく。	・赤グループはＳＴ１、青グループはＭＴが説明を別々に行う。 ・ＳＴ４は分からないことや質問に答えていく。 ・ＭＴは写真を準備して説明をする。
20分	○作業終了の合図を聞く。【意】 ・片付け、手洗いをする。【人】 ・グループで本時の反省を用紙に記入する。【意】 ・青グループは記録用紙にシールを貼る。【将】 ○グループの報告を聞いて、本時の振り返りをする。【将】 ○次時の説明を聞く。【情】	○赤グループは班長、青グループは教師が作業終了の合図を送る。 ・生徒の実態に応じて評価表を用意する。 ・各チームで集まり、反省を行う。 ・ＭＴは全員に怪我の有無について、確認の言葉掛けをする。	・赤チームはＳＴ１、青チームはＭＴが説明をする。 ・ＭＴは教師に注目するように促す。 ・ＳＴ１〜５は怪我の有無を確認する。

※キャリアの4領域　【人】人間関係形成能力　【情】情報活用能力　【将】将来設計能力　【意】意思決定能力

第5節　四つの柱ごとの研究協力機関の実践

8　前時までの学習評価と本時の目標

	(時間中3時間目)	7月1日	7月2日	7月3日(本時)		単元の評価
	活動内容	○じゃがいもの収穫をしよう。	○収穫したじゃがいもを選別しよう。	○じゃがいもを計量して選別しよう。 ○じゃがいもの袋詰めをしよう。		
	単元の個別の目標					
生徒A	○作業内容を理解し、周りの友達と協力しながら、進んで作業に取り組むことができる。 ○正しい道具の使い方を知り、安全に扱うことに気を付けることができる。	・二人一組で協力しながら、じゃがいもを収穫できた。 ・作業の始めと終わりに全体に向かって言葉を掛けていた。 ・作業の終わりには、「一つのコンテナにじゃがいもをまとめたほうがよいですか」など全体を見て発言していた。	・自分の作業に集中しがちであった。 ・一個一個、ていねいに選別を行うことができた。	<本時の目標> ○作業工程を理解し、友達と協力して取り組むことができる。	<手だて> ・ホワイトボードに示した作業工程を見ながら説明する。 ・「お願いします」「ありがとうございました」など、同じ作業を行っている友達に伝えるように促す。	・作業が始まる前にホワイトボードに書かれている内容を確認しマイグループのメンバーに伝えることができた。 ・分からない生徒に対しては、繰り返し伝えることができた。 ・シーラーは、自分でテープをセットして使うことができた。
生徒B	○自分から報告、連絡することができる。 ○周りの友達と協力をしながら作業を進めることができる。	・じゃがいもの掘り方の説明を最後までしっかり聞き、活動することができた。 ・二人一組でじゃがいもの収穫を行ったが、自分のじゃがいもばかり気にしていた。	・選別の際に、分からないことは積極的に質問し、意欲的に取り組むことができた。 ・「10個選別したら、報告する」という課題を設けて行い、きちんと報告することができた。	<本時の目標> ○作業工程を理解し、自分の仕事に取り組むことができる。 ・「お願いします」「ありがとうございました」と言葉で表現することができる。	<手だて> ・ホワイトボードに作業工程を示して手順を伝える。 ・作業を次の人に依頼するときや受け取るときには、返事をするように、言葉掛けをする。	・作業が始まる前に写真ボードで自分の活動を確認できた。 ・分からないことは積極的に質問をすることができた。 ・任された仕事は責任を持ってやり遂げていた。友達に言葉を掛けることや報告も行うことができた。

第Ⅱ章　実践編

研究協力機関の実践のまとめと考察

　学習評価の観点を設定することで、目標達成に向けた具体的な授業を想定し、観点別の評価規準を基に児童生徒一人一人の学習状況を分析的に評価することが可能になった愛媛大学教育学部附属特別支援学校の取組からは、分析的な観点の導入と具体的な評価規準の設定を実践に生かすことで、目標に準拠した評価を着実に実施していくことができるようになると考えられます。中教審報告（2010）では、学習指導要領の趣旨を反映した学習評価の基本的な考え方として、「目標に準拠して行う観点別学習状況の評価や評定の着実な実施」を示しています。観点別学習状況の評価の観点は「生きる力」の育成につながる観点であると考えます。この分析的な観点と評価規準を設定することで、より詳細で分析的な学習評価を可能にし、目標に準拠した評価につなげていると考えられます。

　千葉県立八千代特別支援学校の報告でも、学習評価の観点を基に、児童生徒の学習活動と期待される姿を想定した評価規準を設定することにより、目標や指導内容、手立ての妥当性、信頼性を意識した具体的な授業改善につながったとの報告がありました。このことから、評価規準設定の意義と方法について理解し、評価規準を設定した観点別学習評価の実践に取り組むことで、指導と評価の一体化を進めることになると考えられます。児童生徒の学習状況を的確に判断し、学習状況の評価を児童生徒に返すとともに、教師による支援や単元の授業計画などを見直し、改善していくためには、単元の授業計画を作成する時点で、指導と評価の一体化が図れるような工夫をしていく必要があります。そのため、観点別学習状況の評価の観点を基に、児童生徒の学習活動と期待される姿を想定した評価規準を設定することが大切になると考えます。評価規準は、分析的な評価を行うためのものですので、その設定の意義と方法について理解を深めることが重要であると考えられます。

　個別の指導計画に観点別学習評価と関連した記入を工夫することで、一人一人の学習状況から個別の目標や指導方法の見直しができるようなったとする千葉県立八千代特別支援学校の報告からは、学習状況の分析的な評価を根拠にすることで、目標設定や指導内容の妥当性が高まっていくことが考えられます。中教審報告（2010）では、「児童生徒一人一人の実態に即して、個別に指導目標や指導内容を設定し、個別に評価することになるが、設定した目標が高すぎたり、指導内容が具体性を欠いたりするなどにより、結果として効果的な指導

につながらないことも考えられる」とし、「このため、設定する指導目標や指導内容については、その妥当性の向上に十分配慮する必要がある」としています。観点別学習状況の評価を基にした見直しを図ることで、個別に設定された指導目標や指導内容の妥当性の向上につなげていくことができると考えられます。このことは、一人一人の生きる力をはぐくむ教育活動の充実にもつながることであると考えられます。

2 学習評価を指導の改善に生かす実践

実践の概要

　中教審報告（2010）では、学習評価を踏まえた教育活動の改善について、「各学校における学習評価は、学習指導の改善や学校における教育課程全体の改善に向けた取組と効果的に結び付け、学習指導に係るPDCAサイクルの中で適切に実施されることが重要である」としています。また、各授業や単元等の指導に当たっては、児童生徒の主体的な活動とともに、目標の実現を目指す指導の在り方が求められており、指導と評価の一体化を図ることが大切であり、より効果的な学習評価の推進を促していくためには、学習評価をその後の学習指導の改善に生かすとともに、さらには学校における教育活動全体の改善に結びつけることが重要であるとされています。

　知的障害教育においても、児童生徒の学習状況の評価を活用して、指導と評価の一体化を図ることは重要です。ただし、知的障害教育においては、授業における集団の目標を立てるとともに、個別的に授業の目標を立てるのが一般的であり、これは児童生徒一人一人の障害の状況や知的発達の実態に応じた指導を行うために重要です。このことから、児童生徒の学習評価にあたり、「評価規準や評価基準をどのように設定すればよいのか」という課題が、知的障害教育独自の課題として存在します。

　この課題も念頭に置きながら、研究協力機関の実践についてまとめました。

　本項において紹介する研究協力機関における実践の特徴は、次の通りです。

　鹿児島大学教育学部附属特別支援学校の実践は、児童生徒の学習評価を教師の授業づくりの視点に明確に位置づけた取組で、校内で授業研究に組織的に取り組んでいます。

　福島県立いわき養護学校の実践は、思考図の活用により指導目標や学習評価の妥当性の向上を充実させた取組で、授業ごとに評価規準をチームの話し合い

により設定しています。

　岩手大学教育学部附属特別支援学校の実践は、生徒の主体的な活動を軸にした授業づくりの取組で、観点別評価の視点で振り返るとその分析的な観点に符合する評価が行われています。

■ 鹿児島大学教育学部附属特別支援学校の実践

1）学校の概要

　本校は、児童生徒59人（小学部16人、中学部19人、高等部24人）が学ぶ知的障害特別支援学校です。各学部3学級という小規模校の特徴を生かして、一人一人の実態を丁寧に把握するとともに、児童生徒の思いや保護者、教師の願いを反映させながら日々の授業の充実に努めています。また、本校

写真 2-2-1　学校の外観

は、鹿児島市中心部近くに位置しており交通のアクセスもよいことから、公共施設や公共機関の利用など、地域の特性を生かしながら体験的な校外学習の機会をできるだけ多く設定しています。

　近年、インクルーシブ教育システムの構築及びそのための特別支援教育のさらなる推進が求められています。国立大学法人鹿児島大学教育学部の附属学校として、大学と連携を図りながら新しい時代のニーズに応えることができる実践研究を推進するとともに、教育実習校として、児童生徒を愛し誇りと情熱を持った人材の育成に努めています。また、家庭や地域、県内特別支援学校、保育所、幼稚園、小・中・高等学校及び関係機関との連携・協働を推進し、センター的機能を充実することで特別支援教育の進展に努めています。

2）教育の基本方針

①教育目標

　自分の持つ能力や可能性を最大限に伸ばし、共に生きる力を身に付け、家庭生活や社会生活を可能な限り自立的に営み、社会参加できる人間性豊かな児童生徒を育成する。

②具体目標

　学校教育目標の下、五つの具体目標を以下のように設定し、適切な指導及び

必要な支援の在り方を追究しながら児童生徒一人一人の確かな学力や豊かな心、健やかな体をはぐくむことを大切にしています。
1) 自分の生命を大切にし、健康で安全な生活を送ろうとする児童生徒を育てる。
2) 生きる力の基礎・基本となる知識・技能を身に付けた児童生徒を育てる。
3) 自ら考え判断し、主体的に自分の思いを表現し、行動できる児童生徒を育てる。
4) 思いやりや感動する心、社会性等を身に付け、健やかな心と体を持つ児童生徒を育てる。
5) 自分のよさを精一杯生かし、可能性や個性をよりよく伸ばそうとする児童生徒を育てる。

そのための取組として、個別の教育支援計画及び個別の指導計画のPDCAサイクルの充実を図り、小・中・高一貫した教育を具現化するとともに、保護者や関係者との相互理解を深めていくことに重点を置いています。

また、本校では、定期的な学校参観日や学校見学会、体験学習などの機会を設定するとともに、例えば放課後活動支援や卒業生支援など、児童生徒の余暇活動の充実に向けた積極的な支援を行うことで、保護者や関係者、地域のニーズに丁寧に応え続けていくことに重点を置いています。

3）教育課程
①教育課程編成の基本方針

学校教育目標に基づき、教育活動計画、全体計画、学部経営案、指導の形態ごとの単元（題材）一覧表及び年間指導計画を作成し（図2-2-1）、児童生徒一人一人の「生きる力」をはぐくむ教育課程を編成しています。

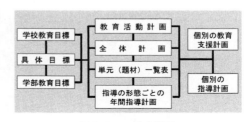

図2-2-1　教育課程

全体計画とは、領域及び教科における横断的な教育計画のことで、寺崎（2009）は、「教育の領域や課題ごとに教育活動の基本的な教育方針やあり方を示すとともに、当該教育目標の実現のための方策や指導内容・方法等を総合的に示したもの」として、その意義を述べています。

教育課程編成に当たっては、教育課程委員会等での審議を経た上で、全教師で共通理解を図りながら、年間を通じて計画的に進めています。

②指導の形態相互の関連

本校では、各教科等を合わせた指導を軸とし、それを補充・深化する位置付

けとして教科別及び領域別の指導を設定しています(図2-2-2)。そのため、児童生徒が授業において習得したことを活用したり様々な場面と関連させたりして、総合的に学ぶことができるように、指導の形態ごとの系統性や段階性を考慮しながらも、指導の形態相互の相補性を大切にした年間指導計画を作成しています。

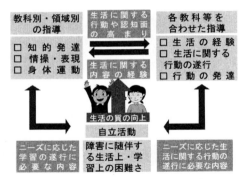

図 2-2-2　指導の形態相互の関連

4）学校の特色

本校では、平成23、24年度に、「授業研究を基軸とした授業づくり」について研究を進めました。この中で、授業研究を「一人一人の児童生徒が豊かに学ぶことができるようにするために、教師が個人又は複数で、授業づくりの PDCA サイクルの各過程について検討し、教師の授業力の向上を図ること」としました。つまり、授業を評価する際に目標の達成度や手立ての有効性を検討して改善の方向性を探ることだけでなく、授業を計画する際に目標を検討したり教材・教具を作成したりすることも、全て授業研究であると捉えています。授業後は、授業担当者が個人で行う授業研究と併せて、発言方法を含めたルールや手順、進め方、時間設定を明確にした複数教師で行う授業研究会を実施しています。平成23年度からの3年間でその実施回数は 150 回を超え、児童生徒の学びを確かにするための検討と、育ちを共有するための情報交換の機会を組織的・継続的に持つことができるようにしています。

また、本校の研究や授業実践から、児童生徒の豊かな学びをはぐくむために大切にしたい授業づくりのポイントを整理し、「豊かな学びをはぐくむ授業づくりのポイント〜鹿児島大学教育学部附属特別支援学校の授業づくり〜」(以下、「授業づくりのポイント」と記す) として活用しています。学校としてどのような授業を目指すのか、どのように授業づくりをするのかを全教師で共有し、一貫した考え方の下、授業づくりを行っています。なお、「授業づくりのポイント」は、授業づくりをする上で押さえておきたいこと、共通理解しておきたいことをまとめていますが、教師の個性や専門性を軽視するものではなく、これに上乗せするような形で個性や専門性を発揮することを全教師で確認しています。

5) 学習評価の取組の概況

　前述した授業研究の対象は、日々の授業における児童生徒の「学びの姿」です。児童生徒が学んでいた姿や学びにつまずいていた姿を基に、さらなる学びをはぐくむための授業や各教科等と関連付けた指導の在り方について検討を行っています。検討を行う際の視点として、授業改善の視点を教師全員で共有しています（表 2-2-1）。

表 2-2-1　授業改善の視点

学びの方向	授業の目標や指導計画に関すること
学びの機会	学習活動の設定に関すること
学びの環境	授業環境に関すること
学びの方法	手立て（教材・教具、言葉掛け、支援ツールなど）に関すること
学びの連続	学習の経過、次時や他の場面への広がりに関すること

　また、「授業改善の記録」を作成し、それぞれの教師が実践を深めたいと思う教科等を対象にして、1単位時間ごとに授業記録を取っています（図 2-2-3）。
　具体的には、目標や教えたいことに対する児童生徒の姿について、習得を図りたい態度や知識、技能面などの観点から、学んでいた、または学びにつまずいていた理由を推測し、授業改善の視点を踏まえて具体的改善策を講じています。改善策を講じて授業を実施した後は、その結果としての学びの姿を書き、児童生徒の変容や手立てなどの有効性について検証しています。そして、児童生徒の学びの様子やそれぞれに有効だった手立てなどは、メモ欄を設けた授業

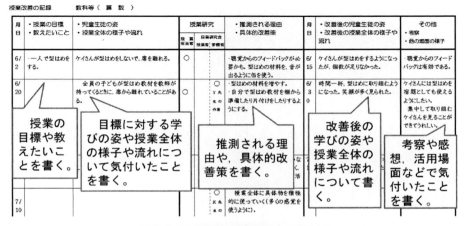

図 2-2-3　「授業改善の記録」の記入例

第Ⅱ章　実践編

研究会用の個別の指導計画に随時記録しています。これらの取組を組織的・継続的に行うことで、児童生徒の学習評価を踏まえた授業改善に学校全体で取り組むことができるようになりました。

　さらに、実践を重ねる中で「学校全体で教育課程を考え、児童生徒の学びをさらに充実させたい」という教師の思いが膨らんできました。「児童生徒の学習評価の在り方について（報告）」（文部科学省，2010）では、学習評価について、「学習指導の改善や学校における教育課程全体の改善に向けた取組と効果的に結び付け、学習指導に係るPDCAサイクルの中で適切に実施されることが重要である」としています。

　そこで、平成25年度から、構築してきた授業研究を継続しつつ、日々の授業における児童生徒の学びから、単元（題材）指導計画の評価・改善を図る授業研究の在り方を探ることにしました。単元（題材）の計画段階で、関心・意欲・態度等のいわゆる四つの観点との関連を踏まえて設定する育てたい力を基に、児童生徒の学びの背景を分析的に捉え、表2-2-2に示す授業研究の視点から意見交換を行うことで、児童生徒の学びを授業の改善だけでなく、指導や教育課程の評価・改善に反映できるように努めています。

表2-2-2　授業研究の視点

学びの背景	児童生徒の学びや育ちの背景を探り、児童生徒が学んだ内容やさらに必要な指導内容を検討する視点
学びのつながり	指導内容に応じて有効だった学習活動や、さらに必要な学習活動を検討する視点
学びの広がり	指導内容に応じて有効だった単元（題材）相互の関連や、さらに必要な単元（題材）相互の関連を検討する視点

6）「学習評価を指導の改善に生かす実践」に係る本校研究の概要と経緯
①「授業づくりのポイント」を踏まえた単元（題材）指導計画

　本校で活用している「授業づくりのポイント」では、授業づくりの計画段階における実態把握から目標設定、評価規準や評価基準の設定までの具体的な手順を示しています。また、単元（題材）の学習活動を構成する際は、習得型と活用型の学習活動を行き来するように計画したり、活用場面（習得したことを活用できるようにしたり様々な場面と関連させたりして、総合的に学べるようにすること）を設定したりすることなど、児童生徒一人一人の学びをつなぎ、広げるための具体的な指導の在り方を示しています。このような授業実践から

第5節　四つの柱ごとの研究協力機関の実践

得た知見をまとめた「授業づくりのポイント」を踏まえることで、児童生徒の実態等に応じたより適切な単元（題材）指導計画を作成できると考えました。

②単元（題材）指導計画の書式の検討

　これまでの授業づくりにおいて、作成・活用する単元（題材）指導計画の書式は、学部ごとに異なっていました。また、継続的に行う授業研究を通して授業自体の改善を図ることができた一方で、単元（題材）指導計画に立ち返り、計画自体を組織的に評価・改善する取組について十分な実践ができているとは言い難い状況にありました。そこで、本校における教育課程に係る現状を分析したり、「授業づくりのポイント」を踏まえたりすることで、日々の授業と教育課程をつなぐための単元（題材）指導計画の書式（表2-2-3）を検討するとともに、小・中・高一貫した授業づくりを展開できるように、学校全体で共通の書式として活用していくことにしました（項末の表2-2-6　単元（題材）指導計画（書式）参照）。

表2-2-3　単元（題材）指導計画の書式の検討

これまでの単元（題材）指導計画	見直しの方向性
指導内容や手立てを含めた表現で、学習活動を記述している。	単元（題材）を通してどのような力を育てたいのか明確にできるように、評価規準を記述する欄を設ける。
	その妥当性について複数教師で検討できるように、単元（題材）の設定理由や学習指導要領との関連について記述する欄を設ける。
一つの単元（題材）における指導内容及び学習活動を中心的に記述している。	指導内容及び学習活動における、単元（題材）相互の関連を明確にできるように、教科等内及び教科等間のつながりについても記述する欄を設ける。
個人目標は、個別の指導計画に記述している。	全体目標について、児童生徒のどのような「学び」の姿から評価するのか分かりやすくするために、個人目標を記述する欄を設ける。

③授業研究の在り方

　学習評価を授業及び指導の改善に活かし、児童生徒の豊かな学びをはぐくむために、本校では二つの授業研究を行っています。一つが日々の授業改善を図る授業研究であり、もう一つが単元（題材）指導計画の改善を図る授業研究です。それぞれの授業研究では、目的に応じて授

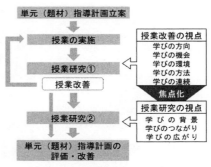

図2-2-4　授業研究相互の関連性

第Ⅱ章　実践編

業改善の視点、授業研究の視点を用いています。授業改善の視点は、授業づくりの過程のすべての内容を網羅していることから、この視点を基に、単元（題材）指導計画を評価・改善するための視点として焦点化を図ったものが授業研究の視点です。授業研究相互の関連性については、図2-2-4のように整理しています。

④「自立と社会参加のために育てたい三つの力」の設定

　本校では、指導案を作成する際に評価規準（どの視点で評価するか）及び評価基準（どれだけ達成したか）を設定していますが、設定する視点は教師個人又は各学部に委ねられています。日々の授業は、児童生徒が自立し、社会参加できる力を身に付けることを目指した実践であり、その実現のためにどのような視点から評価規準を設定していくのか、教師全員で共通理解を図ることが大切であると考えました。

　そこで、個別の教育支援計画に記された児童生徒の思いや保護者の願いを整理したり、学びの姿を記載した授業研究会の記録から児童生徒に育てたい力を導き出したりしました。また、これらの取組で明らかにしたことを学校教育目標と関連付けて検討し、「自立と社会参加のために育てたい力」として共通理解していくことにしました。

　本校の教育目標では、児童生徒の自立と社会参加のために、1) 自分の持つ能力や可能性を最大限に伸ばしていく姿、2) 共に生きる力を身に付けていく姿、3) これらの力を活用しながら家庭生活や社会生活を営んでいく姿を目指しています。この三つの姿を、「自分づくり」、「関係づくり」、「生活づくり」として「自立と社会参加のための育てたい力」の柱とすることにしました。児童生徒の思いや保護者の願い、授業研究会の記録の分析によって導き出した育てたい力をこの三つの柱に分類していき、図2-2-5のように「自立と社会参加のために育てたい三つの力」（以下、「三つの力」と記す）として整理しました。

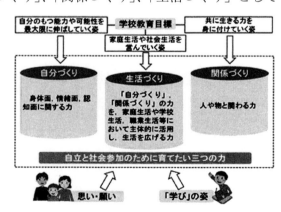

図2-2-5　授業研究相互の関連性

⑤学習評価の実際（中学部の実践より）

　1. 単元指導計画の作成

　書式の見直しを図った単元指導計画を用いて、授業の計画を立案しました。

第5節　四つの柱ごとの研究協力機関の実践

単元のねらいを基に、「三つの力」と観点別評価の四つの観点との関連を踏まえながら、全体目標と評価規準を設定しました（表2-2-4）。

表2-2-4　全体目標及び評価基準の設定

指導の形態	作業学習	
単元名	販売会に向けて製品を作ろう	
全体目標	製品の製作から販売までの一連の活動を通して、自分の役割を果たしたり友達と協力したりしながら、働くことの楽しさや達成感を味わうことができる。	
評価		
基になる学習指導要領の内容		
○　働くことに関心を持ち、作業や実習に参加し、働く喜びを味わう。【職業・家庭-(1)】 ○　道具や機械、材料の扱い方が分かり、安全や衛生に気を付けながら作業や実習をする。【職業・家庭-(3)】 ○　自分の役割を理解し、他の者と協力して作業や実習をする。【職業・家庭-(4)】		
三つの力	評価規準	観点
自分づくり	①　木材加工で使用する道具や機械の名称や用途について知り、安全に正しく使っている。	【知識・理解】【技能】
	②　作業内容や手順が分かり、準備、作業、片付けなどの一連の活動を成し遂げる。	【知識・理解】【技能】
関係づくり	③　作業に取り組む中で分からないことを人に尋ねたり、互いに手伝ったりしている。	【思考・判断・表現】
生活づくり	④　作業製品を販売し、保護者の感想を聞いて満足感を味わい、働くことへの関心を持っている。	【興味・関心・態度】

2. 生徒の学びの姿と授業改善

　すのこを組み立てることを目標とした授業（評価規準の②と③に関する授業）では、のこぎりを使い自分の働き掛けで材料が変化する様子を楽しんだり、積み上げられた加工済みの部品を眺めて笑みを浮かべ、自分の作業に対する達成感を味わったりする姿が見られました。また、作業手順を言葉にしながら確認し、「よし、できた」と、自分の役割を果たしたという自信に満ちた表情を見せる姿が見られました。一方で、作業手順は理解しているものの、材料の固定が難しかったり、材料にうまく穴を開けられなかったりしたときに、立ち止まったまま作業を中断する姿が見られました。このことについて、授業研究会で意見交換をしたところ、手立てや学習環境などの改善と併せて、友達の様子を手掛かりにしてよい方法を考えたり、友達と話し合って問題を解決したりすることができるような学習活動を設定してはどうかという意見が挙げられました。そこで、これまで分担して加工してきた部品を使い、友達とペアになって、すのこの組立に取り組むことにしました。

　その結果、一緒にタブレット端末を操作しながら組立て手順を確認したり、材料を支える、くぎを打つといった役割を自分たちで決めながら作業に取り組んだりできるとともに、互いに打ったくぎを触り、もう少し打ちこんだほうがよいことを伝え合うなどして、自分たちで協力しながらすのこを組み立てるこ

第Ⅱ章　実践編

3. 学習評価と単元指導計画の評価

　改善を図った授業における生徒の学びの姿について、授業研究の視点から分析を行いました。「学びの背景」では、友達に対する意識の育ちを捉えることができた一方で、友達や教師に依頼する方法を身に付けることや、協力という言葉を具体的に理解していくことなど、さらに育てていきたい力が挙げられました（評価規準③に関する意見）。この意見を踏まえ、「学びのつながり」では、協力が必要な場面を考え、話し合ったり手伝ってもらったときの気持ちを発表し合ったりする学習活動を設定していくことなど、具体的な学習活動の改善案を検討しました。「学びの広がり」では、友達の取り組んでいることに興味や関心を持ったり、困っていることを友達や教師に依頼したりできる学習活動を他の教科等でも設定していくことなど、各教科等と関連付けた具体的な指導の方向性について検討を行いました。このような授業研究を通して、生徒の学習評価から単元指導計画の評価・改善を図ることができました（表2-2-5）。

表2-2-5　単元指導計画の評価・改善

次	時数	主な学習活動	同一時期に実施する各教科等との関連
一	8	1　販売会について話し合う。	
二	30	3　分担して部品加工に取り組む。 　(1) 作業分担を話し合う。 　(2) 道具や材料を準備する。 　(3) 手順に従って、部品を加工する。 　(4) 作業に関する質問や報告をする。 　(5) 道具や材料を片付ける。 4　製品を組み立てる。 　(1) 一人で組み立てる。 　(2) 難しかったことを話し合う。 　(3) 友達と一緒に組み立てる。 　(4) 協力したときの気持ちを発表する。	・友達と役割分担を決めて、自分の役割を果たす。 　→　生単「なかまの家に泊まろう」 ・友達や教師に丁寧な言葉で報告や依頼をする。 　→　国語「電話を使って話をしよう」 ・組立に必要な部品を数えて準備したり、完成した製品数を把握したりできる。 　→　数学「かぞえよう」 ・友達の取り組んでいることに興味・関心を持つ。 　→　体育「棒体操」

※太字及び下線で示している箇所が、学習評価を踏まえて計画を改善した部分

⑥成果及び課題

　上述してきたように、育てたい力（目指す姿）を観点別評価の四つの観点と関連付けながら評価規準として設定したことで、児童生徒の学びや育ちを分析的に捉えることができるようになってきました。また、単元（題材）指導計画との関連を図りながら授業研究を行ったことで、児童生徒の学習評価を指導の評価に活かすことができるようになり、児童生徒の学びに応じた単元（題材）へと再構成することができました。

　しかし、授業研究を行った部分のみの評価であり、設定した活用場面も含めて、計画した全ての単元（題材）指導計画の内容を評価するまでには至っていません。評価を行う時期を検討し、評価計画をより明確にしたり、活用場面の

評価の在り方についてさらに実践を積み重ねながら整理をしたりしていきたいと考えています。

表2-2-6 単元（題材）指導計画（書式）

単元(題材)指導計画(書式)		
	【　】学部　【　】年　時数【　】	
指導の形態		
単元(題材)名		

単元(題材)の設定理由	【児童生徒の実態】 【単元（題材）の意義・価値】

全体目標	
評　価	

基になる学習指導要領の内容		
三つの力	評価規準	観　点
自分づくり		
関係づくり		
生活づくり		
全体計画との関連		

個　人　目　標	
○・○ （○年）	
評　価	

指　導　計　画			
次	時数	学　習　活　動	同時期に実施する各教科等との関連
単元(題材)相互の指導内容及び学習活動とのつながり			
【前の単元（題材）】			
【次の単元（題材）】			
【各教科等との関連】			

授業研究を通して		
更に必要な指導内容とその習得を図る学習活動及び各教科等との関連		
指導内容	学習活動	各教科等との関連
有効な手立て(指導の履歴)		
MEMO(授業研究会で出された意見等)		
〈写真〉授業の様子（教材・教具や場の設定など）		

第Ⅱ章　実践編

【参考文献・引用文献】
1) 中央教育審議会「今後の学校におけるキャリア教育・職業教育の在り方について（答申）」(2011) キャリア発達を「社会の中で自分の役割を果たしながら、自分らしい生き方を実現していく過程」と定義
2) 肥後祥治／雲井未歓／片岡美華／鹿児島大学教育学部附属特別支援学校（2013）特別支援教育の学習指導案と授業研究 - 子どもたちが学ぶ楽しさを味わえる授業づくり - ジアース教育新社
3) 鹿児島大学教育学部附属特別支援学校研究紀要第19集～第20集
4) 藤学（1996）カリキュラムの批評公共性の再構築へ p.35 世織書房
5) 寺崎千秋（2009）小学校全体計画の作成と運用の手引き pp.16-20 明治図書
6) 文部科学省（2010）児童生徒の学習評価の在り方について（報告）
7) 文部科学省（2014）育成すべき資質・能力を踏まえた教育目標・内容と評価の在り方に関する検討会 - 論点整理

■ 福島県立いわき養護学校の実践

1）学校の概要

いわき市は、福島県の太平洋沿いの南部に位置し、県内で最大の人口、面積を持つ広域都市です。本校は、主に知的な発達に遅れがある児童生徒を対象とした通学制の特別支援学校です。小中学部は昭和58年4月に、高等部は平成3年4月に開設されました。現在の児童生徒数は、小学部83名、中学部57名、高等部85名、合計225名です。地域の中学校から本校高等部への入学希望者の増加による教室不足や遠距離・長時間通学の負担等に対応するため、平成27年4月いわき市南部の県立高校内に分校が開設されました。

写真 2-2-2　学校の外観

2）教育の基本方針

生きる力をはぐくむよう、自ら学ぶ意欲と社会の変化に主体的に対応できる能力の育成を図るとともに、卒業後の社会生活に生かせる基礎的・基本的な内容の指導を徹底し、個性を生かす教育の充実に努める。

3）教育課程

①教育目標：児童生徒一人一人の能力・特性に応じ、自立と社会参加を目指して、いきいきと生きる人間を育てる。

　　　　＜よく考え学ぶ人　　心ゆたかな人　　じょうぶな人＞

②努力目標：一人一人の課題設定や評価のあり方を明確にすることで、分かる授業づくりを実践し、児童生徒自らが課題解決に向けて主体的に物事に取り組む力を育てる。

③日常生活の指導、生活単元学習、作業学習の各教科等を合わせた指導を中心に教科別の指導も行っている。

4）学校の特色

①社会体験学習や校外学習、地域の小中学校、高等学校との「交流及び共同学習」の充実を図っています。

②学校祭等の行事や学校公開を通して地域の方々との触れ合いを大切にしています。

③地域のセンター的役割として、地域支援センターを設置し、早期教育の充実、

小・中・高等学校の教員への支援、特別支援教育に関わる研修協力を柱とし、地域との連携を深めています。

5）学習評価の取組の概況

①テーマ

「授業改善を促進させる授業研究会を中心にした学習評価の在り方に関する取組」

②取組の概要

授業研究会を事前検討、授業、事後検討に分けて、学習評価の在り方を検討します。特に、事前検討における「評価の観点や基準の設定」に重点を置くとともに授業と事後検討における、「子どもの学ぶ姿」に着目した評価を中心に取り組んできました（図2-2-6）。

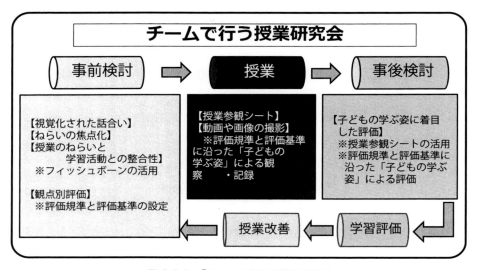

図2-2-6 「チームで行う授業研究会」

1. 事前検討

○「フィッシュボーン・ダイヤグラム（書き方の概要は図2-2-7、2-2-8、2-2-9参照）」を活用して、視覚化された話し合いをチームで行い、「ねらいの焦点化」と「授業のねらいと学習活動の整合性」を図ります。

○「評価の観点や基準の設定」では、単元の指導計画に沿って評価規準や一人一人の評価基準を設定して目標と評価の一体化を図った学習評価につなげます。

2. 授業
○「研究授業参観シート」を作成し、授業参観者が評価の基準に沿った「子どもの学ぶ姿」を観察・記録し、事後検討会に生かします。

3. 事後検討
○評価規準と評価基準に沿った「子どもの学ぶ姿」による学習評価を行い、授業のねらい、教材、教師の手だてが適切であったかを検証しながら、授業改善を促進させていくとともに、目標と評価の妥当性や信頼性を高められるようにします。

○授業研究会での学習評価を次の授業や次の単元に生かし、授業改善のPDCAサイクルから年間指導計画につながるPDCAサイクルの循環を図ります。

③フィッシュボーン・ダイヤグラム活用の概要

フィッシュボーン・ダイヤグラム（以下：フィッシュボーン）とは、解決したい課題があったとき、因果関係を可視化するとともに、起きた結果や課題について、「なぜ？」と考えることを強くサポートするツールです。

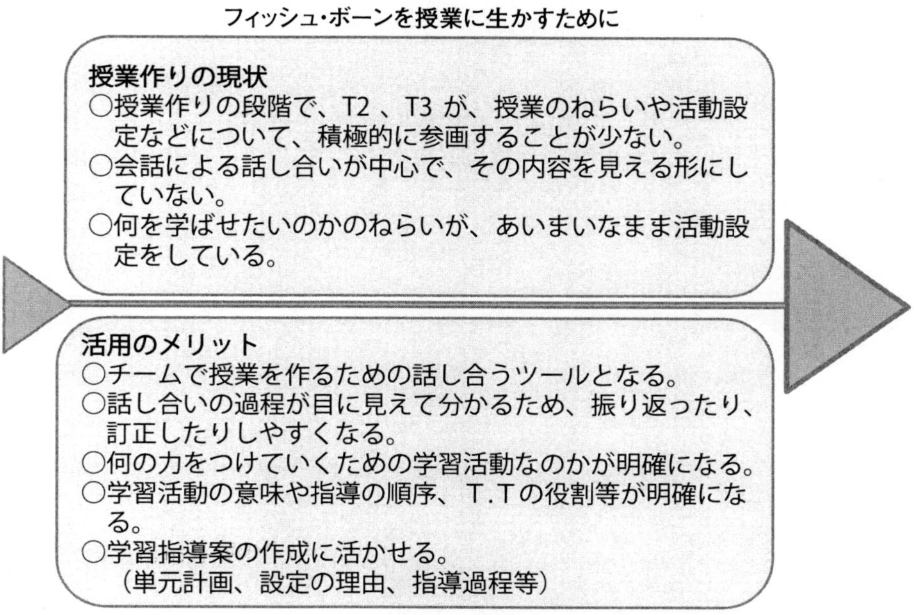

フィッシュ・ボーンを授業に生かすために

【授業作りの現状】
○授業作りの段階で、T2、T3が、授業のねらいや活動設定などについて、積極的に参画することが少ない。
○会話による話し合いが中心で、その内容を見える形にしていない。
○何を学ばせたいのかのねらいが、あいまいなまま活動設定をしている。

【活用のメリット】
○チームで授業を作るための話し合うツールとなる。
○話し合いの過程が目に見えて分かるため、振り返ったり、訂正したりしやすくなる。
○何の力をつけていくための学習活動なのかが明確になる。
○学習活動の意味や指導の順序、T.Tの役割等が明確になる。
○学習指導案の作成に活かせる。
（単元計画、設定の理由、指導過程等）

図2-2-7　フィッシュ・ボーンを授業に生かすために

第Ⅱ章 実践編

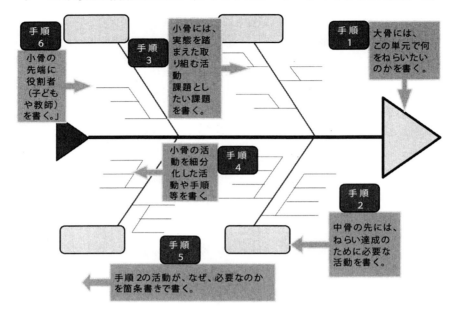

図 2-2-8 「チームで考えるために」（図 2-2-7、図 2-2-8 は福島県養護教育センター「授業研究会を考える～よりよい授業改善を目指して～」講義資料より引用）

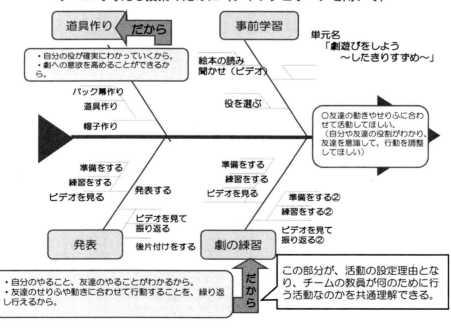

図 2-2-9 小学部 4 学年「生活単元学習・劇遊びをしよう」のフィッシュボーン

102

第5節　四つの柱ごとの研究協力機関の実践

④取組の重点
1) 事前検討を充実させながら、目標と評価の一体化を図った学習評価の充実に取り組みます。
2) 単元の目標や指導計画に基づいて「子どもの学ぶ姿」を想定し、「子どもの実態」と照らし合わせて、その実現状況を明確にします。
3) 実現状況を観点別（「関心・意欲・態度」「思考・判断・表現」「技能」「知識・理解」の4観点）に整理して「評価規準」を設定します。
4) 「評価規準」に沿った一人一人の「評価基準」を設定し、「子どもの学ぶ姿」による学習評価を行い授業改善を進めます。

6) 「学習評価を指導の改善に生かす実践」に係る本校研究の概要と経緯

以下に、学習評価を指導の改善に生かそうと試みた二つの実践についてまとめました。1時間の授業のPDCAサイクルの中で行った学習評価の実践と、小学部6学年の生活単元学習「飼育棚を作ろう」の単元における評価規準の設定についてまとめています。

①実践1：1時間の授業における学習評価のPDCAサイクル
　―小学部6学年の生活単元学習「飼育棚を作ろう」の実践から―

1.【P】目標の設定・授業の計画

児童3名で構成されている重複障がい学級での取組です。本授業では、学級で飼育しているザリガニやハムスターを鑑賞したり、飼育しやすくしたりするための棚作りを通して、役割に応じて、友達同士で関わりながら協力することを目指しました。

事前検討会を行うメンバーは、同学年の教員、他学部も含む研修部の教員、経験者研修対象教員で構成する10名としました。

ア）ねらいの焦点化：授業構想や話し合いの経過が可視化できるように、フィッシュボーン（写真2-2-3）を活用して検討会を行いました。当初、「協力して取り組む力」を授業のねらいとしていました。しかし、話し合いを進める中で、「子ども自身が、協力をどのように捉えているのか？」「なぜ協力してほしいと期待しているのか？」等を視点に、実態やこれまでの授業の様子を振り返りながら検討した結果、「協力」の前段階の「関わり合い」が妥当なねらいではないかという結論に至りました。そこで、「飼育棚の制作を通して、子ども同士が役割に応じて関わり合う姿」というねらいに焦点化が図られました。

イ）単元における評価規準の設定：教師のねらいとしては、「役割に応じ友

第Ⅱ章　実践編

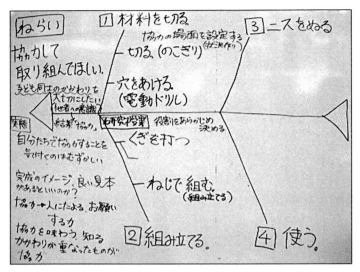

写真 2-2-3　事前検討でのフィッシュボーン図

達同士で関わりながら、考えて活動してほしい」ということでした。しかし、「何を」「どのように」考えて活動することが、学びにつながるのかは具体的になりませんでした。

そこで、まず、①飼育棚を組み立てるためには、「何を」「どのように」することが必要なのか、②その実現のために、必要な手立ては何か、という二つの視点に立って、「役割に応じて子どもが考える姿」は「役割」「何」「どのような姿」に分けられるか？、「組み立ての学習をするために必要な力」とは何か？について考えました（表 2-2-7）。

次に、学習評価の観点別評価の四つの観点ごとに評価規準を設定するために、この学習を実現するために必要な「知識や技能とは何か？」「思考・判断するために、適切な場面や活動をどのようにするか？」等について考え、子どもの実態と照らし合わせて、「子どもの学ぶ姿」を次のように想定しました（表 2-2-8 の吹き出し参照）。

・「ぴったり」「まっすぐ」の状態を教師と確認している姿
・間違った場合や手伝ってほしい場合に、子ども同士が関わり取り組む姿
・「ぴったり」「まっすぐ」の知識を活用して木材や道具を調整している姿

そして、本単元では表 2-2-8 に示したように、「関心・意欲・態度」と「知識・

第5節　四つの柱ごとの研究協力機関の実践

表 2-2-7　「役割に応じて子ども自身が考える姿」及び
「組み立ての学習を実現するために必要な力」

役割	何	どのような姿
2人でおさえる	木材同士を	「ぴったり」と組み立てられるように押さえている姿
止める	ねじが	・「まっすぐ」に入るように工具を扱っている姿 ・入ったかを3人で確認し合っている姿
学習を実現するために必要な力		
・「ぴったり」「まっすぐ」の状態を理解すること		
・「ぴったり」「まっすぐ」に組み立てること		
・間違った場合に自分たちで気付いて手直しをすること		

表 2-2-8　「子どもの学ぶ姿」から考えた単元における評価基準

学習活動	学習活動に即した評価規準		
	関心・意欲・態度 知識・理解	思考・判断・表現	技能
1　飼育棚の材料を作ろう（3h） ① 何を作るのかを確認する。 ② 組み立てるための材料を作る。 （切る・穴を開ける）	「ぴったり」「まっすぐ」の状態を教師と確認している姿	間違った場合や手伝ってほしい場合に、子ども同士がかかわり取り組む姿	「ぴったり」「まっすぐ」の知識を活用して木材や道具を調整している姿
2　作った材料で組み立てよう（2h） 本時（2／2） ・押さえる（2名） 　ねじ（1名）に分かれて活動する。	・組み立て方を理解している。 ・自分の役割を果たしている。	・友達や教師からの働きかけを受け止めて、それに応じている。 ・工程表の大切なポイントを見て作っている。	・横板と縦板を隙間なく合わせている。 ・教師の指示を聞いて、工具を扱っている。

理解」をまとめて単元の評価規準を設定しました。理由は、意欲を育てるためには、知識が必要であり、知識理解を深めることで、関心・意欲が高まっていくという関係性があると考えられたからです。また、はっきり分けるという難しさもありました。

　このようにして考えていった結果、授業の導入においては、展開の場面で「思考・判断・表現」につながるように「組み立ての大切なポイント」を具体物の操作や図で示す活動に見直すことにつながりました。また、身に付けさせたい力を再び確認しながら、子どもが、どのように取り組み、何を学ぶ授業なのかを踏まえながら、単元全体を通した評価規準の設定することができました。

ウ）授業における評価規準の設定：授業における評価規準の設定では、単元における評価規準を基に本時の目標を設定し、一人一人が授業の「どの学習場面で」「何を」「どのように」学習することで「理解した」と評価するのかを明確にしました。特に、組み立て方のポイントである「ぴったり」「まっすぐ」を理解して、組み立てることを中心的な活動として、友達同士で関わりながら、思考・判断・表現する姿を想定して一人一人の評価規準を表2-2-9のように設定しました。

表2-2-9　授業における個人ごとの評価規準

本時の目標（集団の目標）		
○組み立て方のポイント（「ぴったり」「まっすぐ」）を　理解することができる。		
○「ぴったり」「まっすぐ」になるように、役割に応じて　組み立てることができる。		
児童	評価場面	個人ごとの評価規準
A児	活動全体	◎棚を組み立てる時に、組み立て方のポイントを見て確認している。
	組み立て	◎組み立て方のポイントに沿って、友達に言葉掛けなどをするなどして組み立てている。
B児	活動全体	◎組み立て方のポイントを覚え、板をまっすぐにしたり、ぴったり合わせたりするなどのポイントを押さえ、実践している。
	組み立て	◎組み立て方のポイントと違う場合に、友達や教師に言葉で表現している。
C児	活動全体	◎組み立て方のポイントを見ながら、板をまっすぐにしたり、ぴったり合わせたりするなどのポイントを押さえ、実践している。
	組み立て	◎作り方のポイントと違う場合に、友達や教師に言葉で伝えようとしている。

2.【D】授業の実際（『飼育棚を作ろう』〜作った材料で組み立てよう〜）

授業では、一人一人の評価規準に沿って、どのように学習しているのかを観察し、授業参観シートに記録し、また、事後検討で活用するために、動画や静止画の記録も取りました。指導過程の導入の場面で、一人一人に応じた組み立て方のポイントを学習した場面では、「まっすぐ」「ぴったり」の状態がどのよ

第5節 四つの柱ごとの研究協力機関の実践

うな状態かを確認しました。また、実際に組み立てる場面では、「押さえる役割」と「ねじ」の役割に分かれて、組み立てに取り組みました。子ども達は、導入部分で学習した「まっすぐ」「ぴったり」を自分なりに意識し、それぞれの表現方法で、表現しながら組み立てていました（図2-2-10）。

図2-2-10 「作った材料で組み立てよう」の指導過程

第Ⅱ章　実践編

3.【C】評価・事後検討会～子どもの学ぶ姿を中心に～

　事後検討では、一人一人の評価規準に沿って「どのように学んでいたか」「目標は達成されたか」について、参観した教員の授業参観シートを基に複数で評価しました。また、参観できなかった教員は、その学習場面を動画で見て一緒に評価しました。そして、評価規準に沿った「子どもの学ぶ姿」の話合いの経過をホワイトボードに記載しながら検討を行いました。ここでは、B児の「思考・判断・表現」についての話合いの経過を紹介します。授業場面では、以下のような行動が見られました。

　　　B児：A児がねじを入れている場面で、B児が「あ～」と小さな声を出
　　　　　して、A児の持つドリルに触れていた。
　　　授業者：「どうしたの？」とB児に問いかける。
　　　B児：教師に「間違った」と伝える。

　このB児の学んでいた姿と、B児の評価基準「組み立て方のポイントと違う場合に、友達や教師に言葉で表現する」を照らし合わせてチームでB児の学習評価について検討しました。例えば、「指導過程2　飼育棚の組み立て(2)組み立てる」の部分については、授業参観シートの記述内容を参照したり、必要に応じて動画で確認したりした結果、以下のような意見が出されました。

　　　◎ねじが「まっすぐ」に入っている状態と目の前の「まっすぐ」に入っ
　　　　ていない状態とを比較して「間違った」と表現していることから、目
　　　　標は十分に達成していたと思う。
　　　◎「間違った」と言葉で表現する前に、「あ～」と小さな声を出し、ド
　　　　リルに触れていた行動からも、組み立て方のポイントと違うことを理
　　　　解し表現できていたと思う。

　このように、授業参観シートを活用して、必要に応じて動画で確認して検討することで、「子どもの学ぶ姿」の結果だけでなく、学びの過程を丁寧に観察し、検討することができました。B児の例では、B児が「まっすぐ」の状態を理解し、その知識を基に目の前にある状態と比較して思考・判断し、「あ～」と小さな声で表現した一連の学びの過程をチームで確認し共通理解することができました。

　今回、チームで行ったことのメリットとして感じたことは、評価規準の設定によって、子どもを見る視点の共通理解が図れたことです。そのことで、授業の主担当者一人で子どもを評価するときに生じる思い込みの評価がなくなり、さらに自分が気付いていない部分の評価もできました。また、多くの目で「子

どもの学ぶ姿」を見ることで、より子どもの実態に迫った評価ができたのではないかと感じました。

4.【A】授業改善・指導計画の改善：「単元における評価を個別の指導計画につなげる」

今回の単元を受けて、個別の指導計画の見直しを行いました。ここでは、B児の個別の指導計画を取り上げます。

以下がB児の個別の指導計画（生活単元学習の目標の一部）の変更点です（表2-2-10）。前期の目標にある「関わり」とは、友達や教師と「言葉（会話）や行動などで、関わりあう」というものをイメージしていました。その目標から、今回の授業では、「組み立てのポイントと違う場合に、友達や教師に言葉で表現する。」と評価規準を設定して授業を行いました。実際の授業場面において、B児は、組み立てのポイントと違った際に、「あ～」と声を出して伝えていました。この姿を、言葉ではなく、声に出して伝えようとしていたと捉え、さらに、特定の人（教師や友達）に伝えようとする意識も高くなかったのではないかと考えました。このことから、「友達や教師と関わる（やりとりをする）ことはまだ難しいのではないか」「まずは、自分の気持ちや要求を教師に自分から伝えることが目標ではないか」とチーム内で共通理解が図られ、個別の指導計画の生活単元学習の目標（一部）の変更に至りました。

表2-2-10　B児の個別の指導計画（生活単元学習の目標の一部）の本単元後の変更点

個別の指導計画　生活単元学習の目標	
前期	後期
◎教師や友達と関わりながら活動する。	◎伝えたいことを、相手に分かるように伝えることができる。

5. 実践1の考察

今回の授業作りを行う中で、これまでと大きく違う点がありました。それは、身に付けさせたい力を基に「子どもの学ぶ姿」を想定し、「関心・意欲・態度」「思考・判断・表現」「技能」「知識・理解」の観点別に整理したことです。さらに、観点別に整理することで「何を学ばせたいのか」を明確にした授業づくりができたこともその一つです。

具体的には、子どもたちが「思考・判断・表現」をするために必要な「知識・理解」「技能」は「何なのか」「どのように、指導過程を組み立てれば効果的か」を考えることで、指導過程を変更したり、手立てを工夫したりする理由を明確

にすることができ、授業づくりをしながら授業改善がなされました。また、「目標を十分に達成できる学習活動が準備されているか」「その学習活動に対して、何を評価するか」について考えられるようになり、ねらい、目標、学習活動、評価との整合を図ることができました。

　棚作りの後、「やすりがけ」や「ニス塗り」の授業が続きました。子ども達が自分で考え、判断し、行動する基準をそれぞれキーワード（「ざらざらとつるつる」「ぴかぴかに」）を用いて活動を行うことで、子ども自身で判断し、やすりがけやニス塗りの活動に取り組んでいました。飼育棚が完成し、実際に使用を開始すると、子どもの視線に合う高さに、飼育箱が置かれることで、より子ども達が生き物に関心を示して、ちょっとした時間に、じっと観察したり、えさや水を自分から交換したりする姿が見られました。

　以上のことから、チームで行う授業研究会で特に重要であることを次の3点にまとめました。

・事前検討で、「なぜ？」「どうして？」の思考により、指導案作成者が考える指導のねらいが、具体的になること。
・子どもの学ぶ姿を中心にすることで、指導過程が見直されたり、事前検討の段階から授業改善がなされたり、授業がよくなっていくこと。
・事後検討で評価規準に沿ってチームで評価することで、子どもの実態の捉え直しができ、次の授業での改善点が明らかにしやすいこと。

　最後に、評価規準の設定など、これまでにない授業づくりを経験しました。「子どもの学ぶ姿」を想定して観点別に整理する難しさはあったものの、それ以上に、チームで行うことのメリットが得られました。また、今後も実践の積み重ねを通して、目標と評価の一体化が図られる授業づくりを目指していきたいと考えます。

②実践2：単元全体における学習評価のPDCAサイクル
　　　　　－小学部4学年生活単元学習「劇遊びをしよう」の実践から－

　実践2では、在籍児童3名で構成される重複障がい学級での、「したきりすずめ」の題材を使った劇遊びを通して、ストーリーに沿って主体的な子ども同士のやりとりを深め、相手に合わせて行動することを目指した単元「劇遊びをしよう」の実践から、単元全体における学習評価のPDCAサイクルについてまとめました。

第 5 節　四つの柱ごとの研究協力機関の実践

1.【P】目標の設定・授業の計画

ア）ねらいの焦点化と単元名：授業立案者は、授業構想段階では、この単元で身に付けさせたい力を「相手を意識して活動する力」、期待する姿を「自分の役割が分かって劇をする姿」とし、単元名を「発表しよう」と考えていました。しかし、T・T（team teaching：チームティーチングの略）の教員、経験者研修の教員、研修部の教員の 10 名をメンバーから成る事前検討会において、フィッシュボーン図 (図 2-2-11) を基に、単元全体検討をしたところ、次のような改善がなされました。

単元全体を見渡し、「身に付けさせたい力は何か」「何を学ばせたい授業なのか」について授業立案者の意図を踏まえ、「発表することなのか」「劇を演ずることなのか」「役割が互いに分かり、関わることなのか」等について話し合いをした結果、ねらいが「友達の動きやセリフに合わせて活動する姿」となるとともに、単元名も「劇遊びをしよう」となり、授業の骨格をしっかり作ることができました。

同時に、教材研究を進めると、演技をするという意識は 5 歳頃であり、演技らしきものが現れるのは 3 歳半から 4 歳にかけてであることが分かりました。また、発達過程において現れてくる「ごっこ遊び」と「劇遊び」では、多くの点で共通点を持っていますが、劇遊びとは質的な違いがあることも分かりました。これらを踏まえて、これまでの学習の積み重ねや子どもの実態と照らし合わせ、「演じて発表する」ではなく、身近なストーリーを遊びとして再現、表現し、友達同士で合わせたり、やりとりしたりすることのほうが適していると考え、単元名も「発表しよう」から「劇遊びをしよう」へと変更しました。

イ）評価規準の設定：表 2-2-11 に評価規準の作成手順と作成場面及び参加者、その時の内容と授業立案者が考えたことについて示しました。

手順①の事前検討では、単元のねらいを基にして「その学習を実現するために必要な力」と「子どもの学ぶ姿」について検討しました。具体的には「『ストーリーが分かる』とは、劇遊びの中で『どのような姿を想定しているのか』『どのような手立てが必要か』」について検討しました。一人一人の実態に応じた視覚化、動作化、言葉や身体での表現などが挙げられ、評価規準の設定に応用できる内容も出されました。手順②では、手順①で出された学習を実現するために必要な力を観点別に整理しました（表 2-2-12）。

手順③では、表 2-2-12 を踏まえながら表 2-2-9 の様式に指導計画の単位ごとに評価規準を観点別に全て埋めるようにしました。手順④で評価規準の精選を

第Ⅱ章　実践編

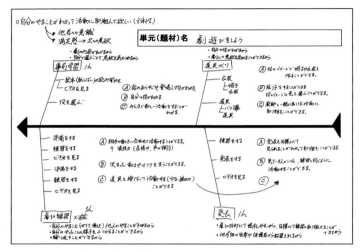

図 2-2-11　実践２の事前検討会において記入されたフィッシュボーン図

表 2-2-11　評価規準の作成手順と作成場面及び参加者等

手順	作成した手順	場面及び参加者	・内容 ○授業立案者が考えたこと
①	ねらいを基にして「その学習を実現するために必要な力」と「子どもの学ぶ姿を」想定した。	事前検討チーム	・自分が「これをやりたい」などと、意欲を持っていること。 ・「ストーリーが分かっていること」 ・「小道具を自ら身に付けること」等
②	上記の内容を観点別に整理した。	授業者	・表 2-2-12学習を実現するために必要な力を観点別に整理した内容参照。
③	表 2-2-12を踏まえながら図 2-2-12の様式に、指導計画の単位毎に評価規準を観点別に全て埋めるようにした。	指導案作成授業者	○授業のねらいと強い結びつきがないものも記載され量も多くなった。また、どの観点にしたらよいか判断に迷うものもあった。
④	③の手順で全て埋めた評価規準を自発的・主体的な子どもの学ぶ姿と照らし合わせながら精選した。	授業者チームの一部の教員	○自発的・主体的な子どもの学ぶ姿と評価規準を照らし合わせる中で、評価規準は再整理され、自発的・主体的な子どもの学ぶ姿も修正されていった。
⑤	評価規準を観点別に縦軸で整理した。	授業者チームの一部の教員	○重複している内容を矢印で表すことで、単元を貫いている「学習を実現するために必要な力」について確認することができた。

行ったのち、図 2-2-12のように、指導計画と評価規準について整理しました。図の左側の破線枠には、単元全体の指導計画と時数配分を記載しました。中央にある破線枠には、事前検討での話合いを生かして評価規準を記載しました。実線枠には、評価規準を基に一人一人の自主的・主体的な子どもの学ぶ姿を記載しました。

　評価規準作成の作業を通して、授業を行っていく上で、「学習を実現するために必要な力」について考えることができ、その中からねらいに迫っていくた

第5節　四つの柱ごとの研究協力機関の実践

図 2-2-12　指導計画と評価規準

表 2-2-12　指導計画と評学習を実現するために必要な力を観点別に整理した内容

学習を実現するために必要な力 期待する子どもの姿の想定	観点別学習評価の 4観点との対応
● 自分が「これをやりたい」「この役をしたい」と伝えている ● 周りの役が分かっている ● 衣装や小道具の準備をしている	関心・意欲・態度
● 相手の動きに合わせている ● 自分のやりたい役を選んでいる	思考・判断・表現
● 聞こえる声の大きさで表現している ● 小道具を場に合わせて使っている ● セリフや動きで表現している	技能
● ストーリーが分かる ● 合図を受けて行動している ● 自分の役が分かる ● 自分の順番が分かっている	知識・理解

めに重要なポイントを絞り込むことができました。また、1時間の授業にとどまらず単元を通して押さえておかなければならない点が明確になりました。こうにして完成したのが表2-2-13の指導計画と評価規準です。

2.【D】評価基準を活用した授業の実際－ステップアップさせて単元における評価基準として位置付けた単元の実際－

　劇では、ストーリーにある場面を何度も再現し、同じような学習活動を繰り返すことが多くなります。そして、その目標も若干の違いはあるものの、同じ目標となることが多くなる学習です。しかし、毎時間同じ授業の流れや内容であったとしても、繰り返した結果、どのような姿になっているか（単元における評価基準）を想定しておき、その姿に対して毎時間の子どもの学びは「どうであるか」「どの程度であるか」を評価していくことが重要であると考えました。そこで、一人一人の授業における評価規準を設定し、子どもの伸びに合わせて順次目標をステップアップさせていきました。単元の単位で見ると、授業における評価規準が単元の評価規準として位置付くような構成になっています（表2-2-14）。

　自発的・主体的な姿を基に立てた評価規準に沿って、一人一人が目標に対して「どのように」「どの程度」学んでいたかを毎時間評価しました。その評価が想定した姿とかけ離れていたり、相違があったりした場合に、授業の何を改善していけばよいのかが明確になりました。

　具体的には、劇の練習場面では、自発的・主体的な姿を引き出すために、セリフの言い回しやつづらの肩ひもの取り付け位置を変更する等、些細なことではありますが、「子どもの学ぶ姿」から手立てや教材を変更したり、支援の量を減らしたり、関わり方を変えたりするなど、毎時間ごとに授業改善をしまし

第Ⅱ章　実践編

表2-2-13　指導計画と評価規準

学習活動	自発的・主体的 子どもの学ぶ姿	学習活動に即した評価規準			各教科等の要素・各教科等とのつながり
		関心・意欲・態度	思考・判断・表現	技能	知識・理解	
1 事前学習 (1h)	A児：登場人物を正しく答え、やりたい役を教師に伝える姿。 B児：「僕！おじいさん」と絵カードを見てやりたい役を、言葉にして答える姿。 C児：提示した「猫」「おじいさん」の絵カードから手を伸ばして1枚取る姿。	・何の劇をやるのか、また自分の役が分かって劇に取り組もうとしている。	・自分のやりたい役を選んでいる。	・教師の読む絵本や紙芝居を注視している。	・「したきりすずめ」の話が分かっている。 ・自分の役が分かっている。	・教師と一緒に絵本などを楽しむ。(国語) ○「したきりすずめ」の読み取り ○台本作り
2 道具を作ろう (5h) ①お面作り ②バック帽作り ③小道具作り	A児：お面の型に障子紙が貼っていない所がないように確認しながら張子をする姿。自分の役に合った色を塗っている姿。 B児：お面から障子紙を持って何度も貼り付ける姿や絵の具を使って色を塗る姿。 C児：教師が液で障子紙をボンドの入った皿に一つ一つ教師の指さしに応じて貼り付ける姿。	・自分で使用する物を作ろうとすることが分かって制作に取り組もうとしている。	①③適当な色で塗る。顔のパーツを書いたりしている。②緑取った色を見本として塗る場所を決めている。	①③障子紙をボンドで溶かした水に浸して、型に貼り付けている。②③阿毛を使い、絵の具ではみ出さないように色を塗っている。	①③張り子の作り方が分かっている。①③色の違いが分かっている。	・見たことや感じたことを絵にかいたり、作ったりそれを飾ったりする。(図工) ○お面などの身近な材料をもとに造形遊びをする。 ○バック帽の下作り
3 練習をしよう (5h) 本時5/5	A児：友達が演技をしていても、相手を見たり台詞を言ったりせず、自分の役割を受け止め、友達の台詞や動きを受けて、自分の役割を行う姿。 B児：盛り込んだり立ち止まったりせず、友達の台詞や動きを受けて、自分の役割を行う姿。 C児：教師や友達の合図を受け、雀のお宿に向かい、水を飲み、つづらを背負って帰ってくる姿。	・自分から衣装を着たり道具を準備したりしようとしている。・友達の動きを受けて、それに応じる形で自分の役割(動き・台詞)を行おうとしている。	・めあてにそって自分の役割を行っている。	・簡単な台詞を聞こえる声の大きさで言っている。・小道具を操作しながら役の動きをしている。	・自分の役割(動き・台詞)が分かっている。・友達の役割(動き・台詞)が分かっている。・めあてが分かっている。	・教師や友達と簡単なきまりのある遊びをする。(生活) ・教師や友達の話し言葉に慣れ、簡単な説明や話し掛けが分かる。(国語) ・見聞きしたことなどを簡単な言葉で話す。(国語) ○台本の音読 ○つづらの大小
4 発表をしよう (1h)	A児：母親が見ていても、友達を見て相手を意識して劇をする姿。 B児：練習の時と同じように自分のお宿に向かい、水を飲み、つづらを背負って帰ってくる姿。				・友達の役割が見に来ることが分かっている。	・教師や友達の話し言葉に慣れ、簡単な説明や話をする。(国語) ・見聞きしたことなどを簡単な言葉で話す。(国語) ○発表会のポスター作り

　た。また、子ども自身が目標に向かって「何を」「どのように」活動するのかを明確に伝える方法を改善しました。さらには、演じている姿を動画で記録し、視聴することで、子ども自身が振り返る場面を大切にして改善をしました。

　その結果T2のかかわり方が劇的に変わりました。教材のどこをどのように変更するか、また、どのようにどの程度関わればよいかが明確になり、それに伴う成果が子どもの学ぶ姿の変容として返ってきたからであると考えます。

第5節　四つの柱ごとの研究協力機関の実践

表2-2-14　同じ学習活動（劇遊び）を繰り返す場合の評価の工夫

小学部4年4組　生活単元学習「劇遊びをしよう～したきりすずめ～」単元記録表（抜粋）
（・各授業における評価規準　〇評価）

学習活動		A児	B児	C児
3 練習をしよう。	1h	・教師と一緒に動きを確認しながら、台本を読むことができる。	・教師と一緒に動いたり、動きを模倣したりすることができる。	・教師と一緒に移動することができる。
		〇移動に関しては、分かっている。台詞の敬語が言いにくいようであった。	〇ガッツポーズや腕をクロスなど特徴的な動きは模倣できている。移動も一人でできている。	〇T2と一緒に移動しながら、時折教師の動きを真似して頷く姿が見られた。
	1h	・道具を操作しながら台詞を言うことができる。	・教師と一緒に動きを確認しながら、動いたり台詞を言ったりすることができる。	・教師の動きに合わせて同じように動くことができる。
		〇見本を数回見せることで、できるようになってきた。台詞もほぼ正しく言えるようになってきた。	〇自分からいただきますをし、食べるまねをしてごちそうさまでまで一人で行うことができた。台詞の声は小さい。	〇馬洗いに頭を下げる。お菓子を取る、しまう。家に帰るがT2の真似をしながらできた。馬洗いの場面では水を3杯飲めた。
	3h	・友達の顔を見て台詞を言ったり働きかけたりすることができる。	・教師と一緒に動きを確認しながら、動いたり台詞を言ったりすることができる。	・教師の動きに合わせて同じように動くことができる。
		〇見本を数回見せるが、「優しく」が分からない。本児を友達に見立て教師が優しく座らせることで意識できるようになってきた。	〇家の場面での台詞が出てこない。ポーズを強調するとともに一緒に動き合った。	〇移動やつづらを背負う場面はスムーズ。馬洗いや雀のお宿を叩く。小さいつづらを選ぶのが難しい。T2がガイドして練習をする。
	4h	・教師の支援なしで自分の役割（動き、台詞）を行うことができる。	・教師と一緒に動きを確認しながら、動いたり台詞を言ったりすることができる。	・馬洗い、雀のお宿を叩くことができる。小さいつづらをつかむことができる。
		〇時折、間があいてしまうものの自分で考えながら動いたり台詞を言うことができた。おいしそうな表情もあり。	〇動きは行うものの、台詞は聞こえない。しかし、分からない訳ではなく、小さい声で言っている。	〇馬洗いの腕を自分からつかんだ。雀のお宿はT2の動きを見て同じように行った。つづらはT2の指さしでつかんだ。
	5h	・C児、B児が背負いやすいようにつづらを持ち上げ、肩にひもをかけることができる。	・A児の台詞や動きに応じて、自分の動きを行い、聞こえる声の大きさで台詞を言うことができる。	・A児の「どっち。」の台詞に応じて、自分から小さいつづらをつかむことができる。
		〇	〇	〇

＊繰り返す学習なので、評価規準を毎時間設定し、それに照らし合わせて1時間ごとに、どのように子どもが学んでいるのかを到達的、段階的に評価し、変容を記録するために、この単元記録表を作成しました。単元の単位で見ると、授業における評価規準が単元の評価基準として位置付くような構成になっています。

3.【C】評価・事後検討会

　研究授業では、一人一人の評価規準に沿って「子どもの学ぶ姿」を捉え、どのように学習しているのかを観察し、授業参観シートに記録しました。また、事後検討で活用する動画や静止画で記録をしました。

　授業における評価規準を生かした単元の評価を行ったわけですが、単元終了後に感じたことは、「発表しよう」と発表をメインした単元ではなく、子どもが身近なストーリーを遊びとして再現、表現し、友達同士で合わせたり、やりとりしたりする「劇遊びをしよう」の単元に変更して取り組んできたことで、結果として劇自体の質が向上したということです。それがどのような要因によってもたらされたかを評価する上で、評価規準を使用しました。そこで分かっ

第Ⅱ章　実践編

たことは、劇のストーリーであったり自分の役割であったりするものは、事前学習の中だけで理解されるものではないということがはっきりしました。小道具の作成をしていく中で自分の役が分かっていったり、繰り返し練習する中でストーリーや自分の役割が分かっていったりしていることが、評価規準の表を見ながら振り返ることで明確になりました。実際の劇中の子どもの動きが「思考・判断・表現」としての結果であり、その動きを分析的に見ていくことで、「知識・理解」がされてないのか、「技能」が身に付いてないのか、「関心・意欲・態度」が低いのかと振り返ることができ、その要因が明確になり対応策も考えやすかったです。さらに、その評価は本単元にとどまらず、他の単元立案時に役立つものと考えられます。

4.【A】単元終了後の授業づくり

「劇遊びをしよう」の終了後、本校の学習発表会がありそれに向けた生活単元学習「スイミー」を行いました。同じような劇を題材にした内容でしたので、今回の経験が大いに役に立ちました。2学年合同ということで、児童数も多くなり実態の幅も広くなりました。また、担当する教員も多いことから、劇のコンセプトを絞り込みながらどのようにしてねらいを焦点化していくかが課題でした。

まず、フィッシュボーンを使用して劇「スイミー」における授業立案者の授業構想を説明しました。指導案を使用しない手軽さと、視覚的な分かりやすさ、様々な意見を取り入れながら画面上で変更していける点がねらいの絞り込みや共通理解する上で有効でした。

新たに評価規準は作成しなかったものの、劇のストーリーの理解は単元を貫きながら身に付けていくということが分かっていましたので、練習だけではなく、衣装や小道具の作成もできるだけ子どもたちが参加するようにしました。また、教員も子どもの支援者ではなく、一緒に演じるようにすることで、子どもの手本になるような自然な支援ができました。

各グループによる練習の回数を減らし、なるべく早い段階から通しで練習を行い、毎回ビデオで振り返るようにしました。ビデオ視聴の場面は、子どもにとっては自分の活動を見ることにより、劇への知識理解を進めることになり、ひいては次への関心・意欲・態度を育てることにつながったようです。これはグループ練習時に何をするのかが分からずに泣いていた子どもが、全体練習を繰り返す中で落ち着いて自分の活動に取り組むことができるようになったことからもうかがえます。教員にとっては、繰り返す学習における評価をする場に

なり、その場で次時の具体的な関わり方や教材の配置の改善案が話し合われるようになりました。

　これらのことは、この授業研究を行う前から少なからず行われてきたことです。しかし、これまでの授業づくりとの明らかな違いは、以前は漠然とした経験の中で何となく有効性を感じていたものから、明確にこういう理由で効果的であると確信して取り組むことができるようになったことだと考えています。

5. 実践２の考察

　まず、フィッシュボーンを使って自分の授業構想をチームのメンバーに分かりやすく、簡単に伝え、メンバーの意見をもとに自分の考えをスクラップし、再構築していきます。その作業をフィッシュボーンの紙面上で行っていくのですが、そのことによって本当に自分がやりたいことを絞り込むことができたのだと考えます。また、絞り込んだねらいが、子どもの実態に即しているのかを、発達の段階と照らし合わせてみることで、前提条件が明らかになります。「やりとり」「見通し」「手順が分かる」等使いがちな表現ですが、それらをねらいにすることができる発達の段階に至っているかを確認していく必要があると考えます。

　次に「学習を実現するために必要な力」と「子どもの学ぶ姿」からの評価規準づくりは、単元の授業のポイントを洗い出す作業であったと考えます。評価規準と自発的・主体的に子どもの学ぶ姿と照らし合わせながらの作業は、授業のねらいから学習活動が乖離しないように確認をすることができるだけでなく、子どもの学ぶ姿というものを、分析的に見直す作業になっていました。

　毎時間の評価規準の設定は、子どもの学ぶ姿の評価そのものであり、小さなPDCAサイクルの繰り返しであると考えます。毎時間行うことで、自分の考える手立ての妥当性を、子どもの動きとして評価することができるとともに、子どもを見る目を養うことができる作業でもあります。絞り込んだねらい、絞り込んだ評価規準を評価することで、自分の授業がよかったのか悪かったのか、そもそもねらいがずれていたのか、それとも手立てが悪かったのかということが明確になっていくのではないかと考えます。

　また、単元の構成を教員が評価する上で、評価規準は有効であると考えます。うまくいった理由、うまくいかなかった理由が評価規準に戻って見ていくことで明確になるのではないでしょうか。うまくいった理由が分かれば、それ以降の手立ての効果が分かって授業をすることができるのはないでしょうか。これらの一連の作業を個人ではなくチームで行うことで、信頼性や妥当性が上がる

第Ⅱ章　実践編

のではないでしょうか。このねらいの焦点化から、子どもの動きで評価するという一連の活動が「目標と評価の一体化」ということだと考えています。

　この授業研究は、時間がかかりますし、チームで取り組まないと乗り越えることができない大変な作業です。しかも、一度やってすべての効果を実感できるものでもないかもしれません。しかし、一年に１回、いや２回と、チームで時間をかけて授業研究を行い、教員同士が気づき合い、学び合っていくことで、授業づくりのトレーニングになり、授業の質が向上し、日頃行っている授業づくりの精度が上がり、結果的に時間の短縮につながるのではないかと強く感じました。今後も、この授業研究の経験を生かして、シンプルなねらいに立った目標と評価が一体化したチームによる授業づくりを目指していきたいと考えます。

③二つの実践を通してのまとめ
1．観点別評価を取り入れてよかった点について

ア）身に付けさせたい力を基に「子どもの学ぶ姿」を想定し、「関心・意欲・態度」「思考・判断・表現」「技能」「知識・理解」の観点別に整理することで、「何を学んでほしい授業なのか」を明確にした授業づくりができました。

イ）観点別に整理することで、設定した目標が、「関心・意欲・態度」を多く設定していることに気付いたり、「子どもたちが『思考・判断・表現』をするために必要な『知識・理解』『技能』は何なのか」「どのように、指導過程を組み立てれば効果的か」ということを考えたりすることで、指導過程や手立てを工夫・改善する理由が明確になり、授業づくりをしながら授業改善がなされていきました。

ウ）単元の目標に応じて授業における評価規準を設定し、観点別に整理することで、学習活動や単元・題材に「どのような学びがあるのか」や「学びの実現のためにどのような力を使うのか」など教材研究を含めて考えることになり、実態と照らし合わせて、授業を考えていくことが大切であることが分かりました。

エ）単元において評価基準を設定することで、一人一人の子どもが、「どのように」「どの程度」学んでいたのかが評価でき、また、評価基準という同じ視点で複数の目で評価できることで、評価の信頼性・妥当性が得られました。

オ）各教科等を合わせた指導においては、子どもの活動の様相そのものを見取るために「自発的・主体的に学ぶ姿」として、その授業で願う姿を明記し

ました。そのことにより、4観点の評価規準を根拠にして、「精一杯」「生き生きと」取り組んでいる子どもの姿を、授業者や参観者が共通の視点を基に、具体的、分析的に評価することができました。

カ）毎日の授業で、研究授業のような評価規準表は作れませんが、授業における評価規準や単元における評価基準を作成した授業を経験することで、授業の目標を考えたり、指導内容を組み立てたりする際に、子どもに願う姿やねらいを明確に考えられるようになりました。

2. 授業研究会（事前・授業・事後検討）や「子どもの学ぶ姿」を評価することで見えてきた授業の改善について

ア）事前検討会で、授業のねらいの明確化からチームで取り組んだことにより、授業研究会に参加する教員が、その授業のねらいを共有化でき、「子どもの学ぶ姿」を見る視点が定まるため、授業の記録（VTR）や授業参観シートへの記録の際に、その授業の「ポイントとなる子どもの学ぶ姿」の記録ができ、授業改善につなげるための有効な資料とすることができました。

イ）フィッシュボーンを使って、チームで授業の事前検討会を行う効果として、「授業のねらいと学習活動が明確になり、整合性が図られる」「複数の教員での話し合うことにより、多面的、多角的な見方ができ、児童生徒の実態とねらい・学習活動を照らし合わせることやねらいに沿った活動を考えることができる」「評価規準や評価基準を考えるために必要な過程である。」などが挙げられました。

ウ）「子どもの学ぶ姿」を具体的、段階的な個別の評価基準で評価できたことにより、それを根拠にして個別の指導計画の目標の修正を行うことができました。

エ）日々の授業において「子どもの学ぶ姿」を意識することで、子どもが学ぶ過程を丁寧に把握できるようになりました。

オ）授業の事後検討会において、授業中の「子どもの学ぶ姿」を記録した授業参観シートを活用することで、評価基準をもとに根拠ある評価ができ、事後検討会の参加者が共通の視点をもって、目標や手立ての具体的な改善点を考えることができました。

3. 校内研修への広がりについて

平成25年度に実践した上記2事例の実践内容を、平成26年度の校内研修の授業研究会で広め、実践しました。実際に授業研究会に参加した教員からの意見としては、前述の学校概要において詳述した手順で行った授業研究会により、

第Ⅱ章　実践編

授業改善がなされたという意見がほとんどでした。また、評価に評価規準や評価基準（注：各授業における評価規準は単元からみると評価規準になっている）を取り入れたことについては、授業者や参観者が共通の視点で「子どもの学ぶ姿」から、根拠をもって評価でき、今までの評価より具体的に授業改善につなげることができたという意見が多くありました。しかし、評価規準や評価基準の設定は、特別支援学校では比較的目新しいことであったため、基本的な定義の理解や、各教科等を合わせた指導の授業ではどのように考え、活用すればよいかなどの共通理解はまだ進んでいないのが現状です。

今後も校内での実践を広げながら、観点別評価等についての共通理解を図り、日々の授業改善に活かせるものとしていきたいと考えます。

※福島県では、障がいの「害」という漢字表記につて平成16年9月策定された第2次福島県障がい者計画」から「障がい」「障がい者」という表記に改めるとともに、可能なところから見直すこととされており、福島県障がい福祉計画においても法令上やむを得ないもの等を除き、極力「障がい」、「障がい者」という表記が用いられています。本文中の標記もこれにならっています。

第5節　四つの柱ごとの研究協力機関の実践

■ 岩手大学教育学部附属特別支援学校の実践

1）学校の概要

本校は知的障害等があるために特別な教育的支援を必要としている児童生徒を対象とした特別支援学校で、小学部、中学部、高等部を設置しています。

児童生徒数は以下に示すとおりです。

小学部：18名、中学部：17名、高等部：23名

合計58名

写真 2-2-3　学校の外観

2）教育の基本方針

本校の学校教育目標は、「児童生徒一人一人の教育的ニーズにこたえ、その成長と発達を支援し、充実した学校生活を通して、自ら意欲的に活動し、日々の生きる喜びを感じ、現在及び将来の社会生活において主体的に生きていく人間の育成を目指す」です。そして、学校経営方針の中に「学習指導要領に基づき、児童生徒一人一人の教育的ニーズに応じた教育を行う」「小学部、中学部、高等部それぞれのライフステージに応じた教育を行うとともに、各部の連携を密にし、連続性のある教育の充実を図る」「学校生活及び学習活動の充実を図り、卒業後の主体的な生活の実現を図る」を掲げて、学校教育目標の具体的な実現を目指しています。

3）教育課程

各学部でのライフステージに応じた教育ができるよう教育課程を編成しています。

①小学部：日常生活の指導と生活単元学習（遊び）を教育課程の中心に据えています。

日常生活の指導、遊びの指導、生活単元学習、音楽、体育、特別活動、チャレンジ※

②中学部：作業学習と生活単元学習を教育課程の中心に据えています。

日常生活の指導、生活単元学習、作業学習、音楽、美術、保健体育、特別活動、おもしろ学習※、総合的な学習の時間

③高等部：作業学習を教育課程の中心に据えています。

第Ⅱ章　実践編

日常生活の指導、生活単元学習、作業学習、音楽、美術、保健体育、特別活動、トライ学習※、総合的な学習の時間、

※チャレンジ、おもしろ学習、トライ学習は、教科別、領域別の指導として実施しています。

4）学校の特色

本校では、これまで、ICFの理念を取り入れた授業づくりの観点やキャリア教育の視点を生かした授業づくりの工夫など様々な課題を一貫して授業づくりにこだわりながら検討してきました。それらの成果を踏まえて、平成26年度は、全校研究の研究主題を「児童生徒一人一人が今、主体的に活動できることを大切にした授業づくり」とし、本校がこれまでの実践研究でこだわり続けてきた児童生徒が主体的に活動する授業づくりを目指しています。

5）学習評価の取組の概況

①主体的に活動する姿を目指した授業づくり

本校では、児童生徒一人一人の主体的に活動する姿を目指して授業を行っており、児童生徒が目的を持ち、力を発揮し、満足感・成就感を持って生活を積み重ねていけるように単元・題材を計画しています。このような授業づくりを行うために、授業づくりのプロセスを、「①単元・題材の設定」「②単元・題材の計画」「③活動内容」「④学習内容への支援」「⑤協働的活動への支援」の五つに整理し、そのプロセスごとに授業づくりの視点を示し、授業づくりの方法としてまとめました（表2-2-15）。この授業づくりの方法のプロセスごとにその視点に配慮して単元・題材を児童生徒の主体的活動を意図して計画していくことで本校が目指す授業づくりができると考えています。

②評価についての考え方

本校では、単元・題材に取り組む際に一日ごとの授業の計画・実践・評価を最も大切にしています。日々の授業において児童生徒一人一人が主体的に活動する姿を具体的な目標として設定し、一人一人の達成の様子を評価しています。この目標は具体的に示すことで児童生徒の実際の姿に即して評価することができます。

例えば、「時間一杯集中する」という単元・題材の目標を設定した時には時間内に集中してできる作業量を具体的に設定するようにしたり、「丁寧に作業をする」という目標を設定した時には丁寧な作業の条件を決めたりするようにしています。このように日々の授業において、児童生徒一人一人の目標を具体的に設定し、そのための手立てを講じることで、時間内にできる作業量が増え

たり、丁寧に作業する技能が向上したりする姿が具体的に分かります。逆に、目標が達成できない日が連続しているなどの課題も明らかにすることができます。このような場合は、手立てを検証し、目標の達成を目指し、授業づくりの方法のプロセスに立ち返り、授業づくりの視点に基づき授業の改善を図り、次の授業において目標の達成を目指していきます。こうして、日々の授業の児童生徒の評価により、日々の授業を改善し、一人一人の単元・題材での目標の達成を目指しています。すなわち、本校の児童生徒の単元・題材の評価は、「できた」、「できなかった」という結果だけではなく、その結果の背景にある日々の取組の過程を大切に評価するようにしています。

このように本校では、単元・題材において児童生徒一人一人の目標の達成を目指すために、一日の授業ごとに児童生徒の評価を行い、それを基に日々の授業の改善を図っています。このような本校の学習評価を指導の改善に生かすPDCA サイクルのイメージを図 2-2-13 に示します。

③児童生徒主体の授業づくりと4観点

児童生徒が主体的に活動できる授業づくりを追究していく過程で、児童生徒一人一人がそれぞれに主体的に力を発揮し、活動に取り組みます。それらの活動には必然的に確かな力の発揮とその習得・高まりが見いだされます。授業を通して発揮され、習得され、高まった力は学習評価において大切にされる4観点に符合します。

例えば、販売会を目指して作業に取り組む単元では、生徒たちは率先して作業場に向かいます。その姿には「関心・意欲・態度」の高まりを認めることができます。毎日お菓子作りを楽しむ児童は調理器具の使用が日ごとに上手になり（「技能」）、大好きな遊びに没頭する児童は、教師が思いもよらない遊び方を工夫する遊び上手になります（「思考・判断・表現」）。校外学習への期待感は、自ずと目的地への「知識・理解」を深めていきます。これらはあくまでも、本校の実践で児童生徒が発揮した力、自ら身につけた力の一端の例示にすぎません。日々の主体的活動の中では、4観点に即した力が必然的に発揮され、養われています。

このようなことから、児童生徒の主体的な姿には、今日の学校教育が大切にする4観点に整理可能な力が確かに認められます。4観点による検証により、児童生徒の主体的な活動を追究する授業づくりは4観点に整理可能な力の習得をも実現していると見ることができます（表 2-2-16）。

第Ⅱ章　実践編

表 2-2-15　授業づくりの方法

授業づくりのプロセス	授業づくりの視点
①単元・題材の設定 学部目標に基づいてねらいを設定	○児童生徒の実生活に結びついた単元・題材。 ○興味関心や願いを取り入れた単元・題材。 ○活動の流れやつながりが明確な単元・題材。
②単元・題材の計画 ねらいに基づいた活動計画	○まとまりのある計画。 ○繰り返すことで活動を積み重ねることができる計画。 ○発展性のある計画。
③活動内容 単元・題材の計画を推進するための日程計画	○集団の中で、人と関わり、自分の役割を遂行できる活動内容。 ○自分の持っている力を生かし、やりがいが感じられる活動内容。 ○自分で考え、行動できる活動内容。 ○達成感、充実感を得られる活動内容。 ○自己選択・自己決定できる活動内容。
④学習内容への支援 ・教材教具 ・配置、動線 ・教師の連携（T‐T）	○児童生徒が一人でできる教材・教具。 ○自分から活動できる教材・教具。 ○十分に取り組める活動量と時間。 ○活動しやすい道具の配置、動線。 ○児童生徒が一人でできるように教師を配置。
⑤協働的活動への支援 ・仲間同士の関わりへの支援 ・教師との関わり	○共に活動する友達に関心を向け、友達や教師と共に活動できるようにする。 ○教師は児童生徒と共に活動し児童生徒が一人できる状況をつくるような適切なかかわりをする。

表 2-2-16　主体的な姿を4観点に整理した例

　　　　授業での主体的に活動する姿と対応する観点（例）
○自分で考え活動していたか（関心・意欲・態度）
○自分で判断して活動していたか（思考・判断・表現）
○単元の目標や自分の活動を理解しているか（知識・理解）
○自分の活動に首尾よく取り組んでいたか（技能）

第5節　四つの柱ごとの研究協力機関の実践

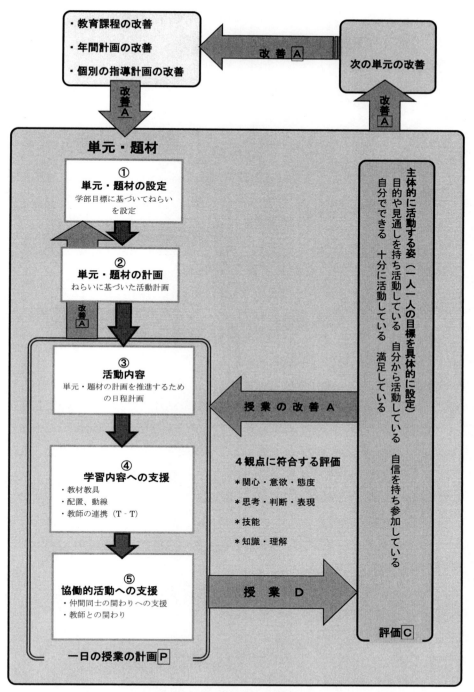

図2-2-13　学習評価を指導の改善に生かすPDCAサイクルのイメージ

第Ⅱ章　実践編

6）「学習評価を指導の改善に生かす実践」に係る本校研究の概要と経緯

　本校中学部の作業学習は石けん、クラフト、園芸の3作業種を設定し、帯状の時間割で一定期間継続して取り組んでいます。生徒は3年間で三つの作業班を経験することで、日々の働く意欲を培い、将来の職業生活や社会自立に必要な事柄を学習します。作業学習では、作業製品販売会に向けて、取り組むことを単元の目標とし、各班共通のものとして年間に5回の販売会を計画し取り組みました。

　ここでは平成25年度6月に行った研究授業での取組から、生徒の評価を指導の改善に活かしている授業づくりについて紹介します（以下は学習指導案よりの抜粋）。

作業学習（石けん班）
対象：中学部石けん班（1～3年生6名）指導者：2名

Ⅰ　単元名
　　作業Ⅲ：石けんの製作「作業製品販売会（肴町）に向けて」

Ⅱ　単元の概要
　　本単元は、7月4日に行われる今年度初めての校外販売会である作業製品販売会（肴町）のために、石けんの製作に取り組むものである。直接一般の方々に自分たちの作った石けんを販売することを体験できる作業製品販売会（肴町）に向けて製品作りを行う。本単元では新たに、一般のお客さんの目を引くように、石けんの容器をくま型の容器にし、「くま石けん」という名称にして製品づくりに取り組む。生徒たちも容器がこれまでと違う肴町用のくま型になったことで、肴町販売にむけて販売する石けんを製造することを意識し、意欲的に活動できると考える。

　　以上のように取り組むことで、友達や教師とともに、活動をやり遂げる生徒を目指すものである。

Ⅲ　単元の目標
　　1. 製品販売会に向けて、みんなで協力して製品を作ることができる。
　　2. 自分の役割を理解し、目標達成を目指して取り組むことができる。

第5節　四つの柱ごとの研究協力機関の実践

Ⅳ　活動計画

（総時数30時間）

	主な活動内容	時　数	
第1次	⑤　オリエンテーション ⑥　肴町商店街でのちらし配り	6月17日（月）	2時間
第2次	○石けんの製作 ○販売準備	6月18日（火）～7月3日（水） 本時17・18/24時間	<u>24時間</u>
第3次	○作業製品販売会	7月4日（木）	4時間
第4次	○ごくろうさん会	7月5日（金）	2時間

※玄関先のワゴンやミニショップなかまへの商品補充、注文の納品等に向けた取り組みも行う。

※生徒の目標及び支援は表2-2-17個人の目標・支援・評価（2名抜粋）に記載した。

Ⅴ　1日の授業　生徒の活動の様子

学習内容 （活動時間:分）	○学習内容 　主にプロセスの「活動内容」にあたる ◆支援上の留意点 　主にプロセスの「学習内容への支援」にあたる	■4観点との関連 生徒の様子 （作業ノートの記録の評価より抜粋）
1　始めの会（5）	○今日の作業内容、役割分担を知り、目標を確認する。 ○販売会への目標が分かるように、くま石けん完成表で、完成品の数を確認する。 ◆見通しを持ち、意欲的に作業に取り組むように、一人一人の目標が確認できる「がんばりカード」を提示する。	■関心・意欲・態度 完成したくま石けんの数を確認することで、「今日も頑張ろう」と話す生徒がいた。
2　作業1（30）	<石けんの素作り>（Aさん） ○ご飯、廃油、苛性ソーダ、熱湯を混合して石けんのもとを作る。 ◆一人で正確に安全に作業が進められるように手順表を用いる。	■知識・理解、思考・判断・表現 手順表を見ながらどんどん一人で進める姿が見られた。教師に依頼する約束も守ることができた。
	<石けんの容器詰め>（Bさん） ○漏斗を使って石けんを容器に入れる。 ◆見通しを持って容器詰めの作業ができるように、目標数分のボトルを準備しておく。	

■関心・意欲・態度
空の容器に石けんを入れることで、目標が達成できる様子が分かり、取り組むことができた。こぼした石けんを自分で拭き取ることもできた。

＜石けんの容器詰め＞（Cさん）
○漏斗で容器に石けんを入れる時にはお玉を使い、微調整のときにスプーンを使い直接容器に入れる。
◆見通しをもって容器詰めの作業ができるように、目標数分のボトルを準備しておく。

■技能、思考・判断・表現
お玉とスプーンを上手に使い、目標数のボトルに石けんを入れることができた。石けんをこぼさないように気を付けることもできた。

＜石けんの補充＞＜くまの帽子のつばつけ＞（Dさん）
○湯煎して減量した分の石けんを、注射器を用いて補充をする。
○蓋を閉める際にくまの帽子のつばをつける。
◆効率よく作業を進めることができる手順を示す。
◆5本ごとにT1に報告しながら行うことで、正しい手順で作業を進めていることを確認する。

■技能、関心・意欲・態度
注射器の使い方に慣れ、作業のスピードが上がり、作業量が増えた。補充の作業で、目標の本数が終わらないうちに終了の声掛けがあった時に「あと少しだから最後まで終わらせたい」と話すことがあった。

＜ラベル貼り＞（Eさん）
○商品名、製造者等の記されたラベルを貼る。
◆ラベルをまっすぐに、一定の位置に貼るように補助具を用いる。
◆4本ごとにT2に報告する。正しくできたらT2は「がんばりカード」に記入する。

■技能、思考・判断・表現
ラベルの大きさは決まっており、時折曲がる時もあったが、自分で貼った結果（○のもの、曲がって△のもの）を見比べることで、曲がらず貼る意識が見られてきた。

第5節　四つの柱ごとの研究協力機関の実践

	<しおりとラベルの取り付け>（Fさん） ○しおりとラベルに輪ゴムを容器に取り付ける。 ◆見通しを持ち、落ち着いて活動できるように、手順表や約束を書いたカードを準備する。	
		■関心・意欲・態度 「くま石けんつくる」と言いながら自分の作業に取り組んでいた。毎日88枚、集中して取り組むことができた。
3　作業2（30）	<撹拌作業>（Aさん、Cさん、Dさん、Eさん、Fさん） ○石けんバケツにアップルミント入り熱湯を入れ、30分間撹拌をする。 ◆撹拌作業の中盤に、撹拌している石けんをお玉でかき混ぜ、石けんの状態の確認をするとともに、励ましの声掛けを行い、意欲付けをする。	
		■関心・意欲・態度 友達の様子を見える配置にしたり、教師も共に活動したりすることで、撹拌に取り組む姿が見られてきている。
	<アップルミント摘み><用具の洗い>（Bさん） ○撹拌のお湯に入れるアップルミントを摘み、容器に詰め冷凍する。 ○道具洗いをする。 ◆見通しをもってアップルミント摘みの作業ができるように、目標数分のお茶パックを準備する。 ◆落ち着いて洗い方ができるように、T2と一緒に行い、時間になったら途中でも止めて終わりの会に参加する。	
		■関心・意欲・態度 作業内容を「容器詰め」「道具洗い」「アップルミント摘み」にしたが、自分の決められた仕事は全て終わらせることができている。自分の仕事が早く終わった時には、みんなと撹拌した。
4　掃除、後片付け（10）	○撹拌で使用した道具を片付ける。 ○撹拌した場所や作業した場所の拭き掃除をする。 ◆自分の使用した道具を、所定の場所に置くように必要に応じて声をかける。	
5　終わりの会（5）	○作業の成果について確認する。 ○完成したくま石けんの数を確認する。 ◆一人一人の成果が分かるように「がんばりカード」を用いる。	■関心・意欲・態度 自分の活動を振り返り、教師とともに評価し、称賛を受けることで、喜ぶ姿が見られた。「次も頑張ろう」等の感想があった。

第Ⅱ章　実践編

①授業づくりの方法に基づいた計画

　本単元では、本校で設定している前述の「授業作りの方法」に基づき、プロセスに対応する授業づくりの視点に留意して計画しました。その内容を以下に示します。

1. 単元・題材の設定（学部目標に基づいてねらいを設定）

　販売会に向けた単元の設定にあたっては自分たちの作った製品の販売を目的とすることで、作業学習に意欲的に取り組むことや、作業班の一員として仲間と同じ目的に向かって取り組むことができるように設定しました。そこで、単元の目標を二つ設定して（「製品販売に向けて、みんなで協力して作業学習に取り組むことができる」「自分の役割を理解し、目標達成を目指して取り組むことができる」）、これを達成することを願って計画しました。

2. 単元・題材の計画（ねらいに基づいた活動計画）

　販売会へ向けた作業学習の単元は5回ありますが、5回とも単元計画を同じにしました（表2-2-17）。同じ流れで単元を繰り返すことで単元の流れに見通しを持つことができ、目的が分かりやすく、意欲を持って取り組んでいけると考えました。

表2-2-17　作業学習　活動計画

● オリエンテーション
● 販売する場所でのちらし配り
● 製品の製作
● 販売準備
● 作業製品販売会
● ごくろうさん会

　また、この計画の中心は製品の製作で、毎日自分の役割の仕事に取り組み、繰り返し製品づくりに取り組むことができるようになっています。

3. 活動内容（単元・題材の計画を推進するための日程計画）

　以上に述べたように単元の設定・計画を実際の授業で行うことができるように、生徒一人一人の活動内容を考えました。また、一つの授業の中で実態の違う生徒全員が自分の目標を達成することができるように日程計画を設定しました。全員が参加し、参加するだけでなく、その授業に必要な存在として活動できるように生徒の実態を考慮して役割分担をしました。

4. 学習内容への支援（教材教具・配置、動線・教師の連携）

　児童生徒一人一人が自分の役割が分かり、一人で活動できるようにできるように、教材・教具の工夫をはじめ、道具や教師・生徒の配置、動線、教師の関わり方、教師間の連携の取り方などの支援を整えました。

5. 協働的活動への支援（仲間同士の関わりへの支援・教師との関わり）

　みんなで販売会を目指して製品をつくるという共通の目的に向かうことがで

きるように友達と製作数を競ったり、協力したりすることで、がんばりを認め合ったりできるような役割分担や作業室の配置を工夫しました。そして、販売会までに製作する製品の目標数を決め、その日の製品の完成を終りの会で確認し、その成果を喜び合うようにし、全員で販売会を目指していることを意識できるようにしました。また、教師が働く姿の手本となり共に製品づくりを行いました。このようにして、日々の製品づくりを全員で取り組み、共通の目的である販売会を目指していくことができるようにしました。

　以上のようにこの単元では、生徒一人一人が主体的に活動できる姿を目指しました。「授業づくりの方法」での授業づくりでは、生徒一人一人の実際に取り組む活動について活動内容、支援などを詳細に計画し、実践することができました。

②生徒が主体的に活動する授業の評価と4観点
　1．生徒一人一人の主体的に活動する姿と評価
　この単元では、本校で設定している「授業づくりの方法」に基づいて授業づくりを行うことで生徒一人一人が主体的に活動できることを目指しており、それが生徒それぞれの単元の目標になっています。この単元の目標を目指して、毎日の授業に取り組んでいます。

　本校中学部では、作業学習において主体的に活動する姿は、仲間と共に取り組む中で役割を果たしていくことで現れると考えています。生徒の実態に応じてその姿は違っているため、一人一人に合わせて、目標を設定していく必要があります。

　事例に示した生徒Bと生徒Cは同じ工程である容器詰めに取り組んでいます。しかし、その評価は、生徒Bについては「空の容器に石けんを入れることで、目標が達成できる様子が分かり、取り組むことができた。こぼした石けんを自分で拭き取ることもできた」と評価し、生徒Cについては「お玉とスプーンを上手に使い、目標数のボトルに石けんを入れることができた。石けんをこぼさないように気を付けることもできた」と評価しています。このように生徒一人一人の主体的に活動する姿に応じて評価すると、評価の内容がそれぞれ違ってきます。どの生徒も主体的に活動するためには、その生徒に応じた主体的に活動する姿を設定することが大切であると考えます。そこで、生徒の評価は、どのように活動に取り組むことで主体的に活動しているといえるか、実際の活動内容に即して評価しました。

2. 主体的に活動する姿を評価すること

　主体的に活動する姿を評価することは、主体的な姿について曖昧なとらえ方をしていると、教師の自己満足の評価になってしまうことが懸念されます。そうならないためには、主体的な姿を生徒の実態に応じて生徒一人一人について目標として設定していくことが大切です。この目標を実際に取り組む活動内容に即して設定することで、その評価において一日の授業の中で活動している実際の様子から評価できます。

3. 4観点に符合する評価

　以上で述べたように本単元での生徒の評価を見ると、生徒一人一人の実態に応じた活動内容における事実に即した実際の様子を評価していることが分かります（表2-2-17）。

　例えば、生徒Aの評価を見てみると、作業①では、「50本くま石けんをつくることを目標に取り組み、毎時間の終わりの会でできた製品の本数を確認すると、みんなで頑張ったことを拍手で称え、残りの本数に対して製作意欲を見せていた。最終的に56本できた時は、とても喜び、販売に意欲を見せていた。（関心・意欲・態度）」「作業2では、「自分から手順表で確認し、報告しながら、正確に安全に作業を進めることができるようになった。（思考・判断・表現、知識・理解）」、「作業時間が短縮し、石けんのもとを2個つくることができるようになった。（技能）」と評価しています。

　このように主体的に活動する姿を目指すことは、「授業づくりの方法」に基づき授業づくりをすることで、目標を具体的に設定することになり、実際の取組の様子について事実に基づき生徒の評価を行うことにつながりました。この生徒の評価の内容を見ると、4観点に符合する評価になっていることが分かります。

③生徒の評価と授業の改善

1. 毎日の授業での生徒の評価

　本校が、授業づくりにおいて最も大切にしているのが一日ごとの計画・実践・改善の授業です。そして、毎

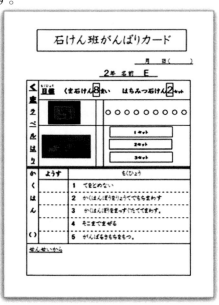

図2-2-14　がんばりカード

第5節　四つの柱ごとの研究協力機関の実践

日の授業で児童生徒の主体的に活動する姿が見られるように取り組んでいます。そこで、授業の中で主体的に活動している姿を生徒一人一人について授業ごとに目標として設定しています。この目標を達成するために一日の授業の中での取組の目標を作業量や製品の仕上げの状態などで示して、作業学習の中で取り組んだ事実に基づいて評価できるようにしています。

2. 毎日の授業における生徒の評価と授業の改善

毎日の授業における生徒の評価は、「がんばりカード」（図2-2-14）の記録を活用しました。この「がんばりカード」は、本来生徒自身がその日の作業の目標や評価が分かり、取り組むことができるように使っているもので、生徒一人一人に合わせて作成しています。そのため、目標とする数量や仕上がりの様子を記入するようになっています。実際に取り組んだ事実が記入されていることからその日の生徒の作業の取組について評価できる記録になっています。例えば、生徒Eについての単元の目標は「自分の役割を理解し、毎日の目標達成を目指して取り組むことができる」と設定していますので、「自分の役割を理解し」ということについては、「ラベル貼りではまっすぐ貼ることに気を付けて取り組むことができる」、「毎日の目標達成を目指して取り組む」ということについては、「くまラベル8枚、はちみつ石けんのラベル2セット（8枚）分を完成することができる」と具体的な目標を設定しました。これは、「ラベルをまっすぐ貼ることに気を付けて取り組むことができる」ようにできる状況づくりを整え、これまでの日々の授業の記録を参考に目標本数を具体的な数量で示しています。このように実際の取組の様子を記入した記録を見ることで、次の授業における目標を設定できます。また、目標本数と実際の作業量が大きく違っていた時には、次の授業での支援の見直しができます。この時の改善については、本校で設定している「授業づくりの方法」の授業づくりの視点について見直していくことで改善のポイントが明らかになり、有効な改善ができると考えています。

こうして、次の授業の準備をするときには、その日の授業の様子を生徒のがんばりカードの評価を基に振り返り、毎日の授業の中で生徒が主体的に活動できる姿を目指して授業の改善を行っています。

3. 生徒の単元の評価と単元の改善

本校中学部の作業学習の単元の評価は、生徒一人一人の「作業ノート」に全ての単元において行っています。この「作業ノート」は、「がんばりカード」の記録を参考にして、結果のみではなく、取組の様子やどのように支援を行っ

第Ⅱ章　実践編

たかについても合わせて記入しています。この作業ノートの記録は、「これまでの単元では〜という様子（状態）だったので、〜支援を行ったら、〜に取り組むことができた（できるようになった）」という単元での生徒の成果が分かる評価ができるように様式を考えました。その内容を見ると、「これまでの様子」のところに前単元での作業の様子が示されているので、それを基準にして、その単元での目標を設定し、「主な支援」で目標を達成するための支援を考えて、「評価」では単元を通してどのような成果があったかを示しています。

　このような内容で単元ごとに生徒一人一人の取組の様子が分かる評価は、次の単元の目標を設定する手掛かりになっています。この生徒一人一人の目標の達成を目指し、次の単元を計画するので、単元の改善のポイントが明らかになります。

④まとめ

　本校が一番大切にしているのが、日々の授業において生徒が主体的に活動することです。本授業では、生徒の主体的に活動する姿を生徒一人一人に応じた目標として設定しました。主体的に活動する姿を目標とすることで、実際の取組の様子に基づき、より具体的に評価することができました。本単元について振り返ったとき、その評価の内容が４観点に符合する評価となっていることが明らかになりました。このように４観点に符合する評価を行うことで、生徒の目標や支援の改善はもとより、次の単元での改善点を明らかにすることができました。本校で設定している「授業づくりの方法」により授業づくりを行い、主体的に活動できる姿を目標にすることで４観点に符合する評価ができたと考えます。本校では児童生徒が主体的に活動するということを目指し、授業を実践し、改善を行いながら授業づくりに取り組んでいますが、これは児童生徒を４観点で評価し、指導の改善を行う取組に相当するということが明らかになり、有効な取組であったと考えます。４観点による児童生徒の学習状況の評価の手法について、今後さらに検討することが課題です。今後も、児童生徒一人一人の実態に応じた主体的に活動する姿を目指して、授業づくりを行っていきたいと思います。

第5節　四つの柱ごとの研究協力機関の実践

表2-2-17　個人の目標・支援・評価（2名抜粋）

氏名等	単元の目標	単元における目標・単元との関連	本時の目標 本時の関連：単元ノートの評価（作業ノートより抜粋）	本時の支援
A（3年・男）		■4観点との関連 ・製品販売会に向けて、みんなで協力して製品を作ることができる。		
	1	■関心・意欲・態度：50本くまぼけんを作ることを目標に拍手で称え、残りの本数を確認するとともに、販売を喜び、販売意欲を見せる。	・手順に従い、時間内に石けんの素一つ分をつくることができる。	・販売会までの見通しがもてるように、カレンダーを提示する。 ・石けん製作の目標を持てるように、石けんの製作目標本数を掲示する。 ・石けんの完成数が目標までどのくらいか分かるように、終わりの会のときに全員で数え表に印をつける。 ・製品の出来栄えを毎時間の終わりの会で確認すると、最終的に製品の本数を56本できた時は、とても喜び、販売意欲を見せていた。
	2	・必要な場面で連絡や報告を行いながら、一人で役割の作業を進めることができる。 ■思考・判断・表現、知識・理解：自分から手順表を確認し、石けんの素を2個つくることができるようになった。 ■技能：作業時間が短縮し、石けんの素を2個つくることができるようになった。		・見通しを持ち作業を進めることができるように手順表を使用し、手順通りに道具を配置する。 ・撹拌では、最後まで正確に安全に作業を進めるように、時々声掛けをして褒める。 ・やり遂げようとする気持ちを継続できるように、正確に手順表で数え表に印をつける。
D（2年・男）		■関心・意欲・態度：みんなで協力して製品販売会に向けて、製品を作ることができる。		
	1	■関心・意欲・態度：その日の目標を達成することを目指し取り組むことができる。	・前日の値札付けや当日の朝の製品運びや、容器8本と通常の容器15本に、適量の石けんの補充をすることができる。	・販売会までの見通しがもてるように、カレンダーを提示する。 ・石けん製作の目標を持てるように、石けんの製作目標本数を掲示する。 ・石けんの完成数が目標までどのくらいか分かるように、終わりの会のときに全員で数え表に印をつける。 ・友達の仕事量が分かるように「がんばりカード」を使用し、報告ごとに「がんばりカード」に印を付けていく。
	2	■技能、知識・理解 ■関心・意欲・態度・思考・判断・表現：注射器の使い方に慣れ、作業スピードが上がり、作業量が増えた。 ・少しだから最後まで終わらせたいと話すことができた。		・報告を効率よくできるように支援する。手順表を確認し「がんばりカード」で数えの分を手伝って行う。 ・撹拌中は目標の確認や励ましの声掛けを行う。（くま8本＋はちみつ20本） ・「がんばりカード」を使用し、終了ごとに「がんばりカード」に終了の印を付ける。「あと」という声掛けがあった時に、目標が分かり、終わらせたいという意欲を感じた。

※目標の1については、本時の目標としては設定せず、単元を通して評価とする。

第Ⅱ章　実践編

研究協力機関の実践のまとめと考察
1）学習評価のPDCAサイクル

　中教審報告（2010）では、学習評価を踏まえた教育活動の改善について、「各学校における学習評価は、学習指導の改善や学校における教育課程全体の改善に向けた取組と効果的に結び付け、学習指導に係るPDCAサイクルの中で適切に実施されることが重要である」としています。また、各授業や単元等の指導に当たっては、児童生徒の主体的な活動とともに、目標の実現を目指す指導の在り方が求められており、指導と評価の一体化を図ることが大切であり、より効果的な学習評価の推進を促していくためには、学習評価をその後の学習指導の改善に生かすとともに、さらには学校における教育活動全体の改善に結びつけることが重要であると述べています。

　本研究では、「体系的な学習評価のPDCAサイクル概念図（図1-1-2）」のC（Check）の部分において、授業や単元等における評価について「（児童生徒の）学習状況の評価」「指導の評価」「授業の評価」の三つの分類で、それぞれの重なり合っている関係を整理し、図2-2-15のように示しています。

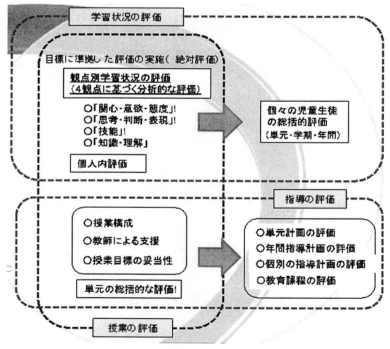

図2-2-15　授業や単元等における評価－「（児童生徒の）学習状況の評価」「指導の評価」「授業の評価」のそれぞれの重なりと関係－

第5節　四つの柱ごとの研究協力機関の実践

　授業では、授業の構造や教師による支援、設定された授業目標の妥当性の変数に影響されながら、児童生徒の学習の姿が現れることとなります。実際の授業において、授業の構造や教師による支援、設定された授業目標の妥当性がどうであったのかの評価が必要ですし、児童生徒の学習の姿、すなわち（児童生徒の）学習状況も必要であり、この両者が揃って初めて授業全体の評価ができたといえるでしょう。児童生徒の学習の姿、すなわち（児童生徒の）学習状況については、目標に準拠した評価（絶対評価）を観点別学習状況の評価の観点（「関心・意欲・態度」「思考・判断・表現」「知識・理解」）などの分析的な観点から、観察、評価することとなり、また、授業目標以外についての児童生徒の様子について行う個人内評価も合わせて行います。これらの評価の蓄積を、単元、学期、年間で総括したものが総括的評価となります。

　一方、授業についても、授業の評価を蓄積したものを、単元計画の評価、年間計画の評価、個別の指導計画の評価、さらには教育課程の評価へとつなげていくことが重要です。

　そこで、本稿ではまずは児童生徒の学習状況を適切に評価し、学習評価を授業や単元のみの評価で終わらせることなく、日々の指導の改善に生かしていくための工夫について、①一つ一つの授業における学習評価と授業改善の視点や、②単元における学習評価と単元計画の改善の視点など、学習評価を学習指導の評価に生かすための視点について検討しました。

２）研究協力機関における取組

　以下に、各研究協力機関における学校概要や指導と評価の実践事例を踏まえて、①一つ一つの授業における学習評価と授業改善の視点、②単元における学習評価と単元計画の改善の視点、③学習指導を単元や指導の改善に活用するPDCAサイクルについて考察します。

①一つ一つの授業における学習評価と授業改善の視点

　学習評価の観点には、分析的な評価の観点である「観点別学習評価の観点」と、「内容構成の視点」の二つがあります。これは互いに対立するものではなく、前者を横軸、後者を縦軸として立体的な学習評価を行うことで、より深く子どもの学びや伸長を捉えることができます。小・中学校の教育課程では、学年によって学習する内容が定められていますが、知的障害教育においては、児童生徒の年齢や障害の程度によって柔軟に構成する事ができることから、「観点別学習評価の観点」と「内容構成の観点」の両者の関係について見ていくことは、より重要となっています。

第Ⅱ章　実践編

　研究協力機関の実践についてみてみますと、愛媛大学教育学部附属特別支援学校では、「キャリア発達段階・内容表」を内容構成の観点として位置付け、それぞれの内容について、観点別学習評価の4観点で分析的に評価を行っていくという実践に取り組まれていました。その一方で、校内の一部または校内全体で学習指導要領に基づいて指導内容表や単元構成表を作成し、活用するとともに、「観点別学習評価の観点」を組み合わせて学習評価を行っている学校もありました（詳細については、第5節4 組織的・体系的な学習評価を促す実践「広島県立庄原特別支援学校の実践」をご覧ください）。

　また、本節では深く取り上げていませんが、児童生徒の学習評価の観点について、独自の観点を設けている学校では、どのような指導内容を扱うのかを示す「内容構成の観点」の要素と、関心・意欲・態度などの分析的観点のうちの一部又は全てに該当する部分と、さらにキャリア発達に関連する観点が混ざり合っていた学校も見られます。

　福島県立いわき養護学校の実践からは、観点別学習評価の分析的観点による評価を実施することで、設定した評価規準、評価基準の設定等の在り方や関係性の理解が一層進んでいることが分かりました。一斉に同じ内容を同じスピードで学ぶ通常の教育と違い、知的障害教育では、集団での学習目標は共通してありますが、個々の学習目標のレベルでは一人一人の発達状況や教育的ニーズに合わせて、それぞれ異なる（その時間のあるいはその単元の）評価規準が立てられます。そのため、Aさんにとっては第1時間目の評価規準が、ゆっくり理解していくBさんにとっては第3時間目の評価規準となることもあります。ここで混乱が生じますが、次のように整理すれば、矛盾は生じないと考えます。

　「評価規準は学習の到達度、いわば『点』を示しもので、評価基準は学習の達成の状況のレベルを質的または量的に段階的に示した『目盛り』である。その時々に焦点を当てる学習の目標によって、評価規準になったり、評価基準になったりすることは矛盾することではない。相対的なものと捉えればよいのである（名古屋，私信，2014, Oct. 22.）。」

　この考えによれば、個別の指導計画の長期目標と短期目標において、同じ文言の学習目標があるときは評価規準になったり、評価基準になったりすると概念整理すると、学校現場においても混乱を避けることができると考えられます。

　授業の評価については、全校で独自に授業づくりの観点を定め、それに基づいて授業実践や児童生徒の学習評価を行っている学校もありました。その授業

づくりを評価する視点には、前掲の体系的な学習評価の PDCA サイクル概念図（図 2-2-15）の「授業の評価」部分に記した、「授業構成」「教師による支援」「授業目標の妥当性」といった教師側の手立てや支援の内容に関わるものと、授業でどのような指導内容を扱うのかを示す「内容構成の観点」の要素と、子どもの学習状況の評価に関わる関心・意欲・態度などの「分析的観点のうちの一部に該当する部分とが混ざり合っていました。

具体的な授業づくりを評価する視点には、本節でも紹介した愛媛大学教育学部附属特別支援学校のように、①「単元・学習内容の工夫」、②「学習環境・支援の工夫」、③「評価の工夫」という三つの授業改善の柱（視点）を設けて、「キャリア発達を支援する」授業の在り方を検討していますが、その際、③「評価の工夫」に関しては、「関心・意欲・態度」・「思考・判断・表現」「技能」「知識・理解」の4観点から児童生徒の目標・課題を分析的に捉えて、評価を行っています。授業改善の柱（視点）に沿って児童生徒が確実にその達成・解決を図ることのできる過程を工夫することで、根拠・方策の明確な学習評価につなげようとしていました。

②単元における学習評価と単元計画の改善の視点

単元計画と学習評価を関連づけた福島県立いわき養護学校の実践では、思考図（フィッシュボーン図）を活用して教員チームで単元計画を練ることにより、「付けたい力」とその評価規準の明確化さらに、計画づくりの段階から立案と改善が繰り返されていました。また、単元の指導計画に沿って評価規準を設定し、それをもとに個別の評価基準を設定されていました。この成果として、「どこの学習場面で」「何を評価するのか」が明確になり、単元を通しての指導計画の再検討につながったこと、評価規準や個別の評価基準を設定したことにより、客観的・具体的な評価ができ、それが児童生徒の実態や課題の見直しにつながり、次の単元では、より実態や課題に応じた単元内容や活動の選択、手だてにつなげることができるという手応えを得たことが報告されました。

③学習指導を単元や指導の改善に活用する PDCA サイクル

研究協力機関の取組では、授業研究会を学習評価や単元や指導の改善に活用する PDCA サイクルの中核として機能させている学校が見られました。前述の福島県立いわき養護学校のように、授業構想の段階から、チーム検討を行うことで PDCA サイクルをまわしていくという実践もありました。これらの実践を踏まえると、指導目標の設定時から目指す児童生徒の姿やそれを見取る分析的な観点が明確であると、授業構想段階（P段階）から改善を含めた PDCA

第Ⅱ章　実践編

サイクルが回っていたと言えます。

④まとめ

　指導と評価の一体化について、「内容構成の視点」と「評価の観点」を区別して捉えた上で、指導目標の妥当性について、指導案段階から検討するサイクルによって、指導と評価の一体化より進んでいる状況がうかがえました。また、観点別評価を活用すると、学習状況の到達度を分析的に捉えることができ、指導内容の改善・精選が進むことが研究協力機関の実践より示唆されました。

　今後は、読者の皆様の各学校における実践の参考としていただき、ますますの実践の深化が図られることを期待しています。

【参考文献・引用文献】
1) 中央教育審議会（2010）「児童生徒の学習評価の在り方について（報告）」, 文部科学省
2) 肥後祥治／雲井未歓／片岡美華／鹿児島大学教育学部附属特別支援学校（2013）特別支援教育の学習指導案と授業研究 - 子どもたちが学ぶ楽しさを味わえる授業づくり - ジアース教育新社
3) 鹿児島大学教育学部附属特別支援学校（2013）研究紀要第 19 集
4) 鹿児島大学教育学部附属特別支援学校（2014）研究紀要第 20 集
5) 文部科学省（2010）児童生徒の学習評価の在り方について（報告）
6) 文部科学省（2014）育成すべき資質・能力を踏まえた教育目標・内容と評価の在り方に関する検討会 - 論点整理 -
7) 佐藤学（1996）カリキュラムの批評 公共性の再構築へ p.35 世織書房
8) 寺崎千秋（2009）小学校全体計画の作成と運用の手引き pp.16-20 明治図書

第5節　四つの柱ごとの研究協力機関の実践

3 学習評価を児童生徒への支援に活用する実践

実践の概要

　これまでに述べてきたように、中教審報告(2010)において、学習評価とは「学校における教育活動に関し、子どもたちの学習状況を評価するものである」とされています。その一方で、同報告内の「学習評価の今後の方向性」の中で、「児童生徒にとって、学習評価は、自らの学習状況に気付き、その後の学習や発達・成長が促される契機となるべきものであること」、「学習評価の結果を保護者に適切に伝えることは、学習評価に関する信頼を高めるものであるとともに、家庭における学習を児童生徒に促す契機ともなる」こと、「児童生徒が行う自己評価や相互評価は、児童生徒の学習活動であり、教師が行う評価活動ではないが、児童生徒が自身のよい点や可能性について気付くことを通じ、主体的に学ぶ意欲を高めること等学習の在り方を改善していくことに役立つことから、積極的に取組んでいくことも重要である」ことを指摘しています。

　以上のことは、児童生徒に対する教育活動の一つとして、指導の途中でそれまでの成果を評価し、その後の学習に変容をもたらす形成的な評価を行い児童生徒の成長を促すこと、保護者と学習評価の結果を共有し家庭での学習を促すこと、児童生徒による自己評価や相互評価を行い児童生徒自らのよい点や可能性への気付きを促すことなどが重要であることを示しています。

　知的障害教育においても、上記のような学習評価を児童生徒の支援に活用することが重要であることに変わりはありません。そのため、本項では研究協力機関における学習評価を児童生徒の支援に活用する実践についてまとめました。研究協力機関における特徴は概ね以下の通りです。

　京都府立舞鶴支援学校の実践は、日常的に教師が児童生徒に対して形成的な評価を提示する「ほめる仕掛けづくり」や、児童生徒が自己評価や相互評価を行いやすいようにタブレットの活用、作業日誌の工夫等を行っています。

　千葉県立特別支援学校流山高等学園の実践は、生徒の自己評価の精度を高め、自己評価の結果から自らの次の目標につながることをねらって、学校で行っている評価の枠組である「自立へのステージアップ表」の観点を自己評価に取り入れたり、生徒の自己評価と教師の評価を擦り合せる機会をつくったりするなどの取組を行っています。

第Ⅱ章　実践編

■ 京都府立舞鶴特別支援学校の実践

1）学校の概要

本校は、京都府舞鶴市を校区とした、知的障害・肢体不自由を主とする特別支援学校です。

平成 17 年度に開校し、平成 26 年度の児童生徒数は小学部 32 名、中学部 27 名、高等部 56 名、計 115 名です。

写真 2-3-1　学校の外観

病弱と肢体不自由を対象とした二つの分校があります。

2）教育の基本方針

　　＜学校教育目標＞　よく学び、より鍛え、よりよく挑む児童生徒の育成
　　＜目指す学校像＞
- 一人一人の教育的ニーズに応じて先導的で特色ある教育活動を行う特別支援学校
- 児童生徒の心と体の健康と安定を図り、安全で安心して過ごせる特別支援学校
- 保護者と児童生徒一人一人の願いの実現を目指す特別支援学校
- 専門性を生かし、地域の特別支援教育のセンター的役割を果たす特別支援学校
- 福祉・医療・労働等の関係機関との密接な連携のもと、教育課題に積極的に取り組む特別支援学校
- 家庭や地域社会に開かれ、信頼される特別支援学校

3）教育課程

＜小学部＞

基本的生活習慣の確立と健康な心身の育成を図るとともに、生活に生きる基礎学力を定着させ、自立への基礎を養う。

　　◇教科等の構成
　教科別の指導…国語・算数・音楽・体育・図画工作
　　　　各教科等を合わせた指導…日常生活の指導・遊びの指導・生活単元学習
　　　　領域別の指導…特別活動・自立活動

＜中学部＞

　　生活に生きる学力の定着を図りつつ、体験的な学習を豊かにし、興味関心

を広げる。地域の教育的資源を活用し、人とつながる力や主体的に活動する力を高める。
　　◇教科等の構成
　　　　教科別の指導…国語・数学・音楽・美術・保健体育・外国語
　　　　各教科等を合わせた指導…日常生活の指導・遊びの指導・生活単元学習・
　　　　　　作業学習
　　　　領域別の指導…道徳・特別活動・自立活動
　　　　総合的な学習の時間
＜高等部＞
　自立と社会参加に向け、生活に生きる学力と技能の定着を図る。
　コース別（生活自立コース・職業自立コース）に学級編制を行い、適切な職業教育を推進する。
　　◇教科等の構成
　　　　教科別の指導…国語・数学・音楽・美術・保健体育・職業・家庭・情報
　　　　各教科等を合わせた指導…日常生活の指導・生活単元学習・作業学習
　　　　領域別の指導…道徳・特別活動・自立活動
　　　　総合的な学習の時間

4）学校の特色

　開校時から小・中学部に自閉症学級を置き、担任と自立活動専任との協働により自立活動等の指導の充実を図り、様々な教材やツールの蓄積を行っています。また、積極的に外部専門職を活用し、障害特性に応じた指導を進めています。
　文化・芸術・スポーツ活動にも積極的に取り組み、大会出場や作品展示を通して、個性の伸長や社会参加の機会を広げています。また、近隣の学校との継続的な交流及び共同学習や、地域の行事等への積極的な参加により、人と豊かに関わる力の育成を図っています。
　高等部では、「鍛える作業学習」に力を入れています。社会人講師による専門性の高い指導を生かして、伝統工芸製品の製作や地域の特性を生かした農作物の栽培を行い、「生産、流通、販売」の一貫した学習を行っています。他の教科・領域との連携も図りながら、生活や就労の力を総合的にきたえ、進路希望の実現を目指しています。

5）学習評価の取組の概況
①これまでの取組
　過去の研究活動では、研究部が中心となり、自閉症の指導や社会性、基礎学

力（読み・書き・計算）などの視点で授業改善に取り組んできました。年間約20回（初任者の研究授業は除く）の授業研究を設定し、授業力チェックシートなどを活用した授業改善のシステムを確立しました。研究を通して、社会性マップ・キャリアマップ・自立活動指導内容表・読み書き算チェック表などを作成し、社会性や基礎学力についての共通理解を深めることができました。また、毎年、支援ツール集や実践事例集などを作成し、授業づくりの資料として活用しています。

　本校では、ほとんどの学級が障害種別（学年混合）で編制をしているため、学年別の指導内容表は一部にしかありません。キャリアマップ等の項目を個別の指導計画の作成に反映させている学級もありますが、全校的に活用するには課題があり、成長のステップが個々で多様な児童生徒に対して、評価規準を設定することの難しさを感じています。

　また、授業研究を通して1時間の授業については様々な側面から検証していますが、単元としてのまとまりや、他の教科・領域との関連、小中高の系統性などの検証という点では弱さがあり、研究成果を教育課程の改善につなげることが課題となっていました。

②平成25～26年度の取組

　教育課程改善の研究方針は、教務の原案をもとに「研究推進会議（副校長・総括主事・教務部長・研究部長・進路部長で構成）」で検討しました。国立特別支援教育総合研究所の研究協力の機会を生かしながら、本校の懸案であった点を改善するため、「付けたい力の整理」「個別の指導計画等のシステムの改善」「授業評価による授業改善」の3本の柱で研究を始めました。以下は、その具体策として取り組んだものです。

1.「付けたい力」の作成

　作成のねらいは、ⅰ）学校の教育方針についての共通理解と具体化、ⅱ）ねらいが明確で、子どもの実態に合った無理・無駄のない指導、ⅲ）小中高の系統性が見え、子どもも指導者も見通しの持てる指導内容の整理としました。

　まず、校長を交えて「付けたい力」の柱を決定しました。学校教育目標のもと、開校以来本校で力を入れてきた指導内容を、「心と体の健康」「生活に生きる確かな力」「豊かな人間性と社会性」の分野で整理することにしました。さらに各分野を二つに分け、3分野6項目としました。

　次に、各学部で、三つの分野ごとに「付けたい力」を検討しました。具体的な指導内容を挙げると、当然ながら発達段階によって異なり、膨大な量になっ

てしまうので、評価規準のベースとなるものとして作成しました。詳細な単元構成等ではなく、指導の方向性を示すものと位置付けています。本校の教育目標を全校で共通理解して、その上で個に応じた指導を進めるための指針です。

2. 評価の観点の設定

「自立につながる知識・技能」「主体的な学び」の2観点を設定して、その観点で分析しながら目標設定のあり方を確認するために、学習指導案の書式を改善しました。授業者が、「付けたい力→単元の目標→本時の全体目標→本時の個別目標」というつながりを意識できるようにしました。

3. 教育課程検討会議の新設

これまで、教育課程の総括として、各学級の意見をもとに、主に管理職と教務部で、教科等の種類と時間数などについて協議してきました。

平成26年度は、「教育課程を改善するとは、"何を""どうする"ことなのか」という点から整理して、指導のまとめや、研究・研修の成果を生かす方法も含めて検討するために、「教育課程検討会議」を新設しました。全校的には様々な研究・研修の場面がありますが、特に学部研究と学級等連絡会の活動の成果を生かしたいと考えています。

学部研究では、全校の研究テーマのもとに授業研究を行い、学期末には学部毎に総括研究会、年度末には全校で研究発表会を行っています。

学級等連絡会は、学部を越えた縦の組織で、知的障害・自閉症・重度重複・コミュニケーションの4分野に分かれています。月1回、児童生徒の実態や指導内容の交流や研修を行っています。

これらの研究・研修の成果をまとめて、共有し、教育課程の改善につなげるシステムを検討しています。

4. 個別の指導計画の書式見直し

年間目標(全体像としての目標)を「付けたい力」の3分野を細分化した6項目で記入する形にしました。児童生徒を多面的にとらえて、長期的なビジョンを持って目標を立てることをねらいました。

5. 研究活動

平成26年度の全校研究テーマは「生活に生きる力を育む指導内容や指導方法のあり方～『付けたい力』及び主体性を育む『振り返り』について～」で、授業研究を柱に研究活動を行っています。「付けたい力」をもとに、自分の担当する児童生徒にとって適切な目標、学習内容について計画を立て、指導後の評価をもとに次の目標につなげるPDCAの意識を高めることをねらっていま

す。

　「振り返り」は、授業中の児童生徒の自己評価・相互評価、教師からの形成的評価を指しています。児童生徒の実態に応じた、主体的な学びにつながる評価方法を工夫するため、校内での事例を共有することから始めています。

6. その他

　職員会議、全体研修、学部の研究会などの場で、学習評価に関わって、「付けたい力」や学習指導案について適宜説明し、共通理解を図りました。

　組織の面では、研究推進会議において、「付けたい力」の検討や、それを実践につなげていく方法等について議論し、分掌間の連携を深めることができました。特に、教務部・研究部・進路指導部の間で活発な意見交換が行われ、常に連携・協力できたことが、成果を上げた要因の一つです。

6）「学習評価を児童生徒への支援に活用する実践」に係る本校研究の概要と経緯

①実践の内容

1. ほめる仕掛け

　児童生徒は、自分の目標に向かって挑み、その成果が適切に評価され、頑張る姿をほめられることにより、自己肯定感を高めることができます。

　本校では、開校当初から、児童生徒の個性を引き出し輝かせることのできる芸術・文化・スポーツ活動を推進し、児童生徒が自分の目標を立てて挑戦する場、さらに、友達や保護者、地域の方々に、一人一人の持つ力を認め評価してもらう場を積極的につくってきました。いわゆる「ほめる仕掛けつくり」です。

　進級式の学習や各種の校内検定等をはじめ、学校生活の中で、また家庭と連携して、積極的に「ほめる仕掛け」をつくり、児童生徒の自己肯定感を高められるよう心がけています。ほめる仕掛けつくりのポイントとして、次の点が挙げられます。まず、取り組み方として、スモールステップで、分かりやすい目標を設定すること、努力の仕方を丁寧に教え、必要に応じて支援すること、努力や成果を分かりやすい形にすること、評価を見える形にすることと整理しました。一方で、ほめ方については、児童生徒の達成感に寄り添ってほめること、取り組んでいることの価値が分かるようにほめることと整理しました。

2. 振り返り

　平成26年度は、図2-3-1に示した振り返り事例カードを用いて、授業における振り返りの事例を集めています。児童生徒による自己評価・相互評価を授

業に入れることは定着してきており、タブレットPCで撮影した学習活動の様子を振り返り時に見せるなどの新しい形も、若手の教師を中心に広がっています。一方で、同じパターンが続いて児童生徒が機械的に評価していたり、いつも授業の後に設定していて時間切れになったりすることもあります。また、当然ながら、児童生徒の実態によって多様な振り返り方があります。

そこで、振り返りを「授業の中で達成できたことを児童生徒自身が確認し、自己肯定感を高め、主体性を育む活動」と定義し、児童生徒の自己評価、友達との相互評価、教師による評価、の三つの形に分類して実践を集約しています。授業研究の「参観者シート」にも、振り返りの方法について記入する欄があり、事後研究会で論議しています。年度末には実践事例集を作成します。

②実践事例

1. ほめる仕掛けの実践事例：二分の一成人式

小学部では平成25年度から、キャリア教育の一環として「二分の一成人式」を行っています。小学部4年生の児童が、「できるようになったこと」「これからできるようになりたいこと」などを発表し、これまで支えてくれた人たちと一緒に10年間の成長を祝います。保護者だけでなく、出身幼稚園・保育園の先生方にも出席していただいたり、メッセージを届けていただいたりしています。

振り返りシートを使った買い物学習の振り返り	
⦅指導者による評価⦆　⦅自己評価⦆　相互評価（友だち同士）	
小学部　　　　高等部	
（実際に使った教材の写真をここに記載する）	概要 ① 買い物したあと、振り返りシートを見ながら、指導者と一緒に買った商品を確認させる。
準備物 振り返りシート ペン	② 買うべきものが買えていたら、シートの写真の所に〇を記入していく。 ③ 全員の買い物が終わったら、全員ができたことを伝え、拍手で賞賛する。
児童の様子 ・買い物したあとすぐに行うことで、児童は買うべきものが買えたか、自分でチェックすることができていた。 ・児童は振り返りシートを見ながら、買い物袋の中身を自分で確認することができていた。	

図2-3-1　振り返り事例カード

第Ⅱ章　実践編

　式の意味が十分理解できない児童もいますが、当日、胸にコサージュをつけてもらうと「今日は僕が主役の日！」と言って、張り切って参加しています。お世話になった人に「頑張っているね」と声を掛けられ、自分のことで喜んでもらえるのを見て嬉しそうにしています。ほめられ、自分が大切にされていることを感じて、自信や今後の展望を持つ機会になっています。

2. ほめる仕掛けの実践事例：マナー検定

　小学部と中学部では、日常生活の指導や自立活動を発展させ、あいさつ・身だしなみ・ルールやマナーの遵守などの基本的な生活習慣の定着を図る取組であるマナー検定を行っています。評価の期間（チャレンジウィーク）を設定して、さらに意欲を引き出して確かな力にすることをねらっています。個別の目標と指導内容、チャレンジ

写真2-3-2　二分の一成人式

ウィークの日程を決める（計画：P）、日常生活の指導や自立活動の中で繰り返して指導し、チャレンジウィーク中には、一人一つの目標に対して毎日チェックを行い、合格すればカードにシールを貼り、ウィーク終了時に、教師と児童が一緒に結果を確認し、後日校長から賞状を渡す（実施：D）、個別の指導計画で評価する。児童生徒の様子から指導内容や評価方法を検証する（評価：C）、次の学期の指導内容を検討する（再検討：A）といった流れで行っています。

　教師は、日常生活の指導等の中で丁寧に実態把握を行い、あと少しで定着が期待できる内容をチャレンジウィークの目標に設定しています。子どもたちは、特別な評価の期間が設けられることや、毎日のシールとチャレンジウィーク後の賞状という二つの評価によって、少し長い期間でも見通しを持って努力できたり、友達の頑張る姿にも関心を向けたりするようになっています。

図2-3-2　チャレンジカード

図2-3-3　終了時の賞状

第5節　四つの柱ごとの研究協力機関の実践

　ある児童は、緊張する場面では防音用のイヤーマフが手放せませんが、チャレンジウィーク後の表彰では、イヤーマフを持たずに校長室へ行き、笑顔で賞状を受け取ることができました。達成感や自信を持てる「ほめる仕掛け」が、いろいろな力を引き出すための支援となっています。

3. ほめる仕掛けの実践事例：保護者と連携した生活技術の指導

　中学部では、日常生活の指導を発展させて、生活単元学習の中で広く生活技術を学んでいます。「付けたい力」の中の「調理・洗濯・掃除などの生活技術の基本を身に付け、家庭生活で生かす」の項目を具体化した単元で、学習後は保護者と連携して自宅での実践につなげます。保護者と一緒にほめる仕掛けを実践する一例です。

写真 2-3-3　食器洗い

　各家庭の家事のやり方を保護者から聞き取り、そのやり方で練習することもあります。お手伝いがしやすくなり、保護者もほめやすくなります。身近な人の役に立ち、感謝される経験を積むことで、人との関わりを豊かにするというねらいもあります。

写真 2-3-4　シャツたたみ

　家庭でのお手伝いの様子を聞き取り、日常生活の指導や自立活動で付けた力を生かした内容を検討して、掃除、服たたみ、皿洗いなどの学習の指導計画を立てる（計画：P）、「家の人から留守番とお手伝いを頼まれる→お手伝いをする→家の人に感謝され一緒にお茶を飲む」などの設定で指導する（実施：D）、児童生徒の結果や手だての有効性について評価する（評価：C）、連絡帳や懇談で、できるようになったことや有効な手だてを家庭に伝え、お手伝いの機会を設定してもらい、長期休業中には宿題にし、その結果について家庭での様子を聞き取り、次の指導内容を検討する（再検討：A）といった流れで行っています。

　ある生徒は、洗濯機の使い方を学習した後、家庭で週末の洗濯担当となって家族から喜ばれるようになりました。そのような経験を積んで何事にも積極的になり、家族との外出時に自発的に買い物に挑戦することができました。家庭と丁寧に連携して計画した指導内容と、その評価によって、本校の目指す自立の力や主体性が育っていることが感じられる事例です。

4. 振り返りの実践事例：高等部の作業学習

職職業自立コース（軽度知的障害）では、週 12 時間（6 時間×2 日）の作業学習を行っています。どの分野でも作業日誌を活用して、自己評価に取り組んでいますが、ここでは、ポートフォリオ評価の視点で、木工分野の例を挙げます。

木工分野では、一日の作業の成果や振り返りを「見える化」し、生徒が作業に見通しを持ち、意欲的に取り組めるようにしています。一連の指導の中には、前述の振り返りの三つの形がすべて含まれています。

<table>
<tr><td colspan="6">日　報　　月　　日　　曜日　　氏名</td></tr>
<tr><td rowspan="2">午前①</td><td>時刻</td><td></td><td colspan="3" rowspan="3">メモ</td></tr>
<tr><td>作業内容</td><td></td></tr>
<tr><td rowspan="4">午前②</td><td>時刻</td><td></td></tr>
<tr><td rowspan="3">作業内容</td><td rowspan="3"></td><td colspan="3">今日の製作数</td></tr>
<tr><td colspan="3">種類</td></tr>
<tr><td>AM</td><td>PM</td><td>合計</td></tr>
<tr><td rowspan="4">午後</td><td>時刻</td><td></td><td colspan="3">**達成　　未達成**</td></tr>
<tr><td rowspan="3">作業内容</td><td rowspan="3"></td><td colspan="3">次回の達成目標</td></tr>
<tr><td colspan="3">種類</td></tr>
<tr><td>AM</td><td>PM</td><td>合計</td></tr>
</table>

図 2-3-4　日報

生徒の自己評価の流れとして、年間目標に基づいて評価の計画を立てる（計画：P）、日報、写真、日誌を用いて自己評価を行い、一日の作業終了後にはすべてを各自のファイルに綴じる（実施：D）、生徒の目標や反省を記録し、学期末の評価に反映させる（評価：C）、個に応じて日報や日誌の記入ポイントを変えるなど、評価の方法を再検討する（再検討：A）といった流れで行っています。日報（図 2-3-4）は、一日の製作数や時間配分等についての計画・進捗状況・結果などを記したメモで、作業効率から自分の課題を考えたり、途中で製作目標を修正したりします。写真 2-3-5 は一日の製作物を撮影し（失敗や途中のものも含む）、次回の作業開始時にも見て、注意点を思い出したり、目標を立てたりします。日誌では、あいさつや身だしなみなどの点検、目標設

第5節　四つの柱ごとの研究協力機関の実践

定と振り返りを行う終了時のミーティングの内容も踏まえて、帰宅後に自己評価を記入します。生徒は、自分の頑張りや、製作目標を達成できなかったときの原因の分析、次回の目標などを終了時のミーティングで発表し、日誌にも記入します。6時間分の振り返りになるので、途中経過を記録した日報が役に立ちます。

写真 2-3-5　製作物の写真

　生徒は、同じ分野の作業に1年間取り組むので、分厚いファイルを見返すことで、長期的な成長を実感することができます。参観者に、自分のファイルを誇らしげに見せる生徒もいます。また、生徒による相互評価として、生徒は、作業の区切りには、進捗状況を全体に報告し、黒板にも記入します（写真2-3-6）。チームで仕事をしているという意識や責任感を持ってもらうためです。終了時には、全体の製作物を並べて評価し合ったり、次の作業内容を一緒に確認したりしています。友達から「切り口がきれい」とほめられたり、効率的な作業の工夫を教え合ったりすることもあり、より高い目標を立てる意欲につながっています。

　教師は、製作物について1点ごとに生徒から報告を受けて評価を行い、時間の使い方や協力体制なども随時指導します。日報と日誌の記入や活用も評価の対象で、内容が不十分であれば再提出を求めます。その中で、正しく自己評価できているかどうかについても分析し、指導・助言を行います。作業の様子の観察に加えて、日報と日誌を通して生徒の理解を確認し、次の支援につなげています。また、個別の指導計画では、「検品して気付いたことを、次の製作目標に挙げて取り組むことができる」

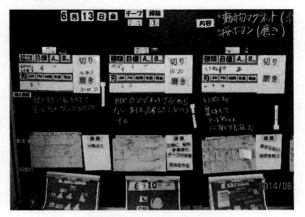
写真 2-3-6　作業中の黒板

などの項目で評価しています。

　作業学習は、「働く意欲や態度を培い、将来の職業生活や社会自立に必要な事柄を総合的に学習するもの（学習指導要領解説）」であり、長期的な視点での評価が適している部分が多くあります。短期的な評価を充実させるためには、学習状況を丁寧に把握し分析することが重要となります。振り返りを大切にした「見える化」は、評価の妥当性を高めるためにも役立っています。

③**まとめ**

　「ほめる仕掛け」を意識した学習では、ほめる場面や内容を想定して指導計画や授業計画を立てており、評価規準と基準が明確で、指導内容も精選されています。児童生徒は、何をどこまで頑張ればよいのかが分かるので、意欲的に活動に取り組むことができます。今後も、どの学習においても、児童生徒に分かりやすい目標を設定し、一緒に成果を確認して評価を行うということを大切にしたいと思います。

　振り返りについて、高等部では、卒業後の生きる力につなげたいというねらいもあります。高等部の「付けたい力」の中に「自分の特性（障害や長所・短所）を理解し、進路について考える」という項目があり、主体的に生きるための力として、自己理解を挙げています。また、作業学習においては、自分の作業の成果や課題を知ることは仕事の責任の一つであると生徒に意識させています。

　学習における自己評価は、学習意欲の向上に役立つだけでなく、自己理解の力を伸ばすことにつながります。そして、確かな自己理解は、困難に直面しても適切な対処や努力で乗り越えようとする強さにつながると考えます。さらに、社会常識や他者との関わりを意識した行動の力を付けるためには、周囲からの評価を受け入れる力も大切であり、友達や教師からの評価の活用についても一層工夫していきたいと考えます。

　今回の研究を通して、学習評価には様々な側面と意義があることを再認識できました。今後も、学校全体で学習評価に関する研修を行い、PDCAサイクルを整えて教育課程の改善を進めていきたいと考えます。

第5節　四つの柱ごとの研究協力機関の実践

■ 千葉県立特別支援学校流山高等学園の実践

1）学校の概要

本校は、知的障害を対象とし、職業に関する専門学科を設置する高等部のみの定員制の特別支援学校です。「農業」「工業」「家政」「福祉」「流通サービス」に関する学科を設置しており、4学科8コース体制としています。定員は1学年96名で、平成26年度は全学年12クラス体制で284名の生徒が、社会自立・職業自立を目指して学んでいます。

写真 2-3-7　学校の外観

2）教育の基本方針

本校の教育目標は「一人一人の障害の状態や能力・特性に応じ、社会自立に必要な基礎基本の充実を図るとともに生きる力を育成し、個性が輝く教育を推進する」です。社会自立に必要な基礎基本の充実を図るためにキャリア教育を推進しています。千葉県での本校の役割は「職業学科を置く高等部単独の特別支援学校として社会自立・職業自立を目指す教育の充実を図り、職業教育を推進する中核機関としての役割を担う」であり、「質の高い授業実践と個に応じた指導の展開」「個性や適正を生かした進路選択による確かな社会自立を目指す」ことを基本方針としています。

3）教育課程

本校の教育課程は、①教科別の指導、②領域別の指導、③総合的な学習の時間の三つによって編成されています。

①教科別の指導

教科別の指導は「専門教科」「普通教科」「学校設定教科」からなっています。午前に専門教科をコースに分けて行い、午後は普通教科をクラス毎に実施しています。学校設定教科は3年のみ週一日設定し、2学科ごとに実施しています。

専門教科は、専門実習を学習の中心にしています。生産計画から販売に至るまでを学習活動として、働くための基礎・基本の育成を目指して取り組んでいます。専門教科の授業時数は1、2年生で週16時間、3年生で12時間を設定しており、本校の教育課程の中核をなす教育活動です。「園芸技術科」「工業技術科」「生活技術科」では「ものづくり」の実習を中心にして、「福祉・流通サー

ビス科」では「サービス」の実習を中心に「ものづくり」と「サービス」を共存させながら、「社会自立・職業自立」を目指した教育活動を行っています。

普通教科は、自立に必要な知識や技能を身に付けるとともに学習意欲の向上を目指しています。教科の目標にそった年間指導計画を基に、キャリア発達（中央教育審議会，2010）の視点を踏まえながら指導を行っています。

学校設定教科は、平成24年度より3年生に設定した教科です。「流山高等学園コラボレーションシステム」の構築を目指し、生徒が地域や企業に訪問して行う授業と地域や企業の人たちが学校へ入ってくる授業との両方を充実させて、社会的・職業的自立を目指すシステム作りに取り組んでいます。学校設定教科の主な内容としては次に挙げる四つに分類されます。

1. クリーニングチャレンジ

清掃業務の専門家による清掃講座と校内の清掃検定、地域の保育所やコミュニティホームなどへの清掃実習を定期的に実施しています。社会人・家庭人となって必要とされる清掃に関する基本的な知識や技能を実践的に習得するとともに地域貢献を行っています。

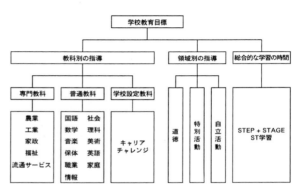

図2-3-5　本校の教育課程

2. サービスチャレンジ

地域のショッピングモール、駅通路などで全てのコース製品を扱って販売活動を定期的に実施しています。お客様とのやりとりを通してコミュニケーション能力の向上や社会人としてのマナーを身に付けています。

3. スペシャリストチャレンジ

これまでに専門教科で見つけた力を生かし、地域や企業等と連携した学習活動を実践しています。例えば、地域の人を招いて機織り教室を開催したり、高齢者施設で実習したりしています。

4. ソーシャルチャレンジ

販売実習で使用する説明製品のポップ作りや接客の講座、卒業後を見通したお金の学習や身だしなみ講座など、企業の方々と連携をしながらプロの視点で授業を実践してもらっています。

②領域別の指導

　領域別の指導は「道徳」「特別活動」「自立活動」で日課表に位置付け指導に当たっています。道徳は健全な社会生活を営む上で必要な道徳性を高めることをねらい、生徒の特性や発達段階を踏まえた資料を使用し学年毎に実施をしています。特別活動では「ホームルーム活動」「生徒会活動」「学校行事」において様々な集団活動を通して、よりよい学校作りに参画し、望ましい人間関係づくりや、協力して課題を解決しようという自主的、実践的な態度を育てることを目指しています。自立活動では生徒一人一人の心身の安定を図ることを目標に担任による「キャリアカウンセリング」と教科担任による「構成的グループエンカウンター」や「感覚統合理論に基づく体の調整」の指導を同時間帯に並行して行っています。

③総合的学習の時間

　本校では総合的学習の時間を「ST 学習」と呼んでいます。一人一人が自らの STEP を乗り越えながら、次の STAGE へと進む学習であることから、共通する「ST」の文字をとって「ST 学習」と名付けました。「ST 学習」は生徒が普段の学習で学んだことを応用・実践しながら自ら設定した課題を解決するための学習です。

4）学校の特色

　流山高等学園の最大の特色は、約１kmほど離れた二つの校舎で教育活動を行っていることです。１・２年生が在籍する第２キャンパスを「基礎・基本」、３年生が在籍する本校舎を「発展」と位置付けた教育課程を編成、実施し、これまで培ってきたキャリア教育の取組をさらに発展させています。

5）学習評価の取組の概況

　前述したように本校は社会自立・職業自立に必要な基礎基本の充実を図ることを目標としています。本校では「社会の中で自分の役割を果たしながら、自分らしい生き方を実現していく課程」すなわち、キャリア発達を促す手立てとしての側面を考慮しながら一人一人の学習状況をキャリア発達と関連付けつつ実態把握し、実践を行ってきました。以下に学習評価の実践を「普通教科」と「専門教科」に分けて示します。

①普通教科における学習評価

　本校の普通教科では、文部科学省の示す評価の４観点（「関心・意欲・態度」「思考・判断」「技能」「知識・理解」）で生徒の学習状況を評価しています。学習指導要領に示されている目標に準拠した評価(絶対評価)を実施しています。

第Ⅱ章　実践編

学習内容は年度当初に定めた年間指導計画における題材ごとの指導内容です。評価要素とは評価規準のことで、学習内容毎の達成基準が記されています。各評価要素の評価は3段階（◎…評価規準を到達し、発展的な段階にある状況　○…評価規準におおむね到達している状況　△…評価規準に到達していない状況）で評価をします。観点別学習状況の評定については、3段階で行っています。図2-3-6に通知表における観点別評価項目の例を示します。

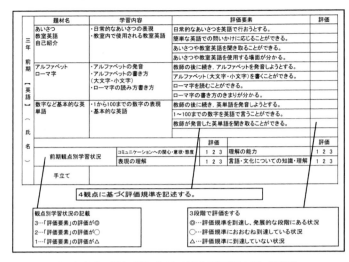

図2-3-6　通知票における観点別評価の例（英語）

② 専門教科における学習評価に使用する評価ツール「自立へのステージアップ表」について

前述の通り本校では、社会自立・職業自立を目指す教育の充実を図っています。将来の姿を想定して目標を設定し、現在の能力や習得しているスキルを使って目標を達成することができるように指導するいわゆる「トップダウン型指導」では、明確な「達成基準」が教師にも生徒にも必要です。そこで社会自立・職業自立す

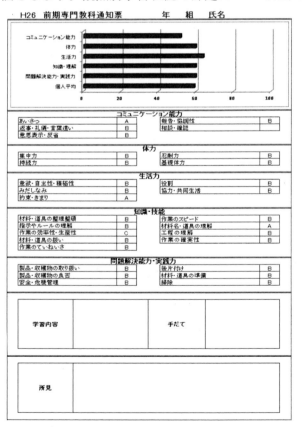

図2-3-7　自立へのステージアップ表を活用した通知票

第5節　四つの柱ごとの研究協力機関の実践

るために必要な態度や技能29項目を具体的に示した「自立へのステージアップ表」を作成しました。「自立へのステージアップ表」は、単に教師が生徒を「できる・できない」で評価するものではありません。生徒自身も自己評価をし、教師の評価との乖離を埋めていくツールです。教師と生徒とが自身の得意なところや課題を共有することによってキャリア発達を促進すると考えています。

③ＰＤＣＡサイクルにおける学習評価の位置付け

　指導と評価の一体化を目指していく際に、評価をもって指導が終了している事が本校でも多々起こっています。教師における授業の改善や生徒による学習

表 2-3-1　生徒と教師の学習評価における関連

	Plan	Do	Check	Action
教師側のサイクル	・指導計画の作成 ・題材 単元の構成 ・指導案の作成 ・生徒の実態把握	・授業の実施 ・日誌やアンケートなどを参考に授業分析 ・自立へのステージアップ表を使用しての評価	・日誌やアンケートを通し、実態に合っていない場合は再検討 ・教師による評価	・授業改善 ・教師評価と自己評価との乖離がある場合は生徒と課題の共有を図る
生徒側のサイクル	・個人目標の設定 ・それぞれの活動の意味に対して思考を巡らす	・授業を受ける ・日誌やアンケートで自己を内省する	・今後の目標を教師との対話を通じて自ら導き出す ・生徒による自己評価	・卒業後の自身をイメージしながら活動を行う

の改善がうまく調和してこそ教育の効果が発揮されるものと考えます（表2-3-1）。

6）「学習評価を児童生徒への支援に活用する実践」に係る本校研究の概要と経緯

①専門教科（園芸コース）の評価改善のねらい

　本校では午前中の3時間（9:00～12:00）が専門教科の時間となっています。実習の評価は終わりの会の中で、各グループの反省と個人の反省（自己評価）という形で行ってきましたが、日々の反省が次時の活動に生かされないということが多く見られました。そこで園芸コースでは評価の方法を改善し、より効果的な評価の活用ができるよう、「自己評価の基準を明確にし、授業のねらいに即した、的確で精度の高い自己評価ができるようにする」、「教師による客観的な評価も取り入れ、生徒の自己評価とのすり合わせを行い、次時の目標の中に担当教師の思いや願いも反映できるようにする」、「日々の実習の評価を保護者にも知らせ、現段階での到達度や今後の課題、及び今後の具体的な目標等を理解してもらい、家庭からの支援も行ってもらえるようにする」といった点に

第Ⅱ章　実践編

ついて検討してきました。

②専門教科（園芸コース）の評価改善の方法

　評価は、実習の中で最も重要な活動であり、それによって生徒の成長や発達が促せるものであるといっても過言ではありません。しかし、評価を意識するあまり、評価するための実習となったり、評価にばかり時間を費やしてしまうことになったりしないように注意しなければなりません。

　そこで園芸コースでは、実習日誌が以下に示す観点及びその規準に沿っており、校内で統一された評価基準が反映されるものになることを目指して、「実習時間内に短時間で評価することができ、生徒の自己評価と教師による評価のすり合わせができるもの」、「評価したものを保護者にも通知し、保護者と一体となって、個々の生徒の指導や支援につなげていけるもの」となるように改善しました。また、評価の観点を生徒に分かりやすいものになるよう、学校全体として統一されている五つの評価の観点をもとにして、各観点の中から園芸コースとして重要とされる要素を抜き出し、分かりやすい言葉に置き換えました。さらに、生徒が短時間で自己評価が記入できるものとしました。表2-3-2に改善した観点を示します。

表2-3-2　実習日誌の観点と学校の観点の対照

学校で統一された観点	園芸コースの観点（実習日誌用）
○「コミュニケーション能力」（あいさつ）（返事・礼儀・言葉遣い）（意思表示・反省）（報告・協調性）（相談・確認）	○あいさつ，返事，「ほう・れん・そう」がしっかりできたか
○「体力」（集中力）（持続力）（忍耐力）（基礎体力）	○作業内容を理解し，ていねい，確実，ねばり強く作業できたか
○「生活力」（積極性）（みだしなみ）（約束・きまり）（役割）（協力・共同作業）	○自分の役割を理解し，友達と協力して作業できたか
○「知識・技能」（材料道具の整理整頓）（指示の理解）（効率性・生産性）（材料道具の扱い）（スピード）（工程の理解）（材料道具の理解）	○道具をきちんと扱い，効率よく（速く）作業できたか
○「問題解決力・実践力」（材料・道具の準備）（後片付け）（掃除）（製品・収穫物の取り扱い）（製品・収穫物の良否）（安全・危機管理）	○準備や片付けが，きちんとできたか

③具体的な手段と評価の流れ

　改善した実習日誌をもとに、実習の反省・評価の時間の中で、生徒の自己評価と教師による評価のすり合わせを行う（個別面談）時間を設定しました。また、保護者の理解と協力を得るため、4月当初の保護者会で実習日誌の見本と評価基準表を配布し、評価の方法や見方について説明しました。さらに、週に1度のコメントの記入のお願いや、家庭における指導・支援も依頼しました。毎日

第5節　四つの柱ごとの研究協力機関の実践

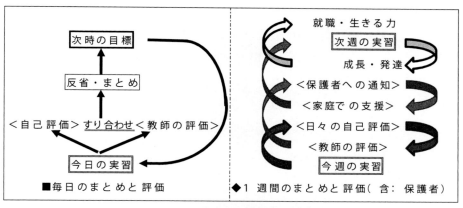

図2-3-8　自己評価・教師による評価・保護者の評価に関する1週間の流れ

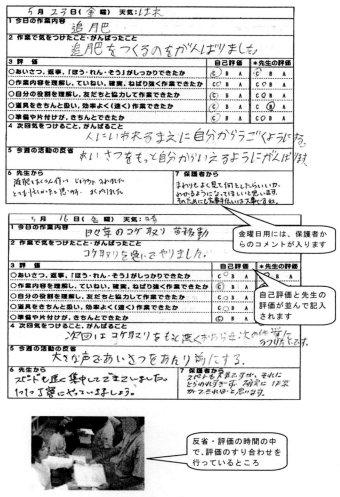

図2-3-9　実習日誌の書き込み例

第Ⅱ章　実践編

の評価の流れと1週間ごとの流れ（スパイラル）を図2-3-8に示します。あわせて、実習日誌の書き込み例を図2-3-9に示します。
※評価において、Aは「自分から進んで行うことができた」、Bは「教師から促されて行うことができた」、Cは「行うことができなかった」を示しています。生徒による自己評価と、教師による評価を並べて記入するようにしました。金曜日の日誌には、土日に保護者が日誌の内容に対してコメントを記入するようにしました。

④成果と課題

　分かりやすい評価の観点と表現により、生徒たちはしっかりと自分を見つめ、授業の自己評価を行うようになってきました。また、保護者の負担が増えることが懸念されましたが、かえって実習中の子どもの様子が分かるということで保護者からは好評を得ています。教師たちからも、毎日個別の対話ができるので、指導・支援のやりやすさだけではなく、生徒との人間関係がつくれることが大きいと言われるようになりました。

　成果として、実習時間内に、短時間で書き込むことができ、個別の指導・支援がしやすくなったこと、教師による評価と生徒の自己評価の差異が一目で分かり、生徒たちが客観的な評価を認識し、実習のねらいや目標を以前より意識するようになったこと、保護者が日々の子どもの様子を理解しやすくなり、家庭での支援をはじめ、保護者の協力が得やすくなったこと、評価を蓄積することにより、スキルの習得度を再確認したり、成長・発達の様子を振り返ったりできるようになったこと、教員同士の評価基準のとらえ方が確認でき、評価の精度も高くなってきたことが挙げられます。

　一方で課題としては、保護者の中には、コメントを書くことが苦手な方もおり、負担にならないような対処を考えていく必要があること、評価段階が3段階では付けにくいという声が、生徒だけでなく教員からも聞こえてきており改善の必要があることが挙げられます。

　今回の評価の改善は、専門実習の中では一部のものですが、わずかな改善で生徒や教師、保護者の意識は大きく変わってきました。今後も現状をしっかりと見つめ、よりよい改善を目指し、生徒の新たな成長や発達を促しながら、将来の「就職」や「生きる力」につなげていきたいと考えています。また、同一の評価基準での実習日誌での教師評価ではCの評価の生徒はいつまでたってもCの場合が出てきてしまうことから、個々の評価基準が必要であると考えます。

研究協力機関の実践のまとめと考察

　本項では、中教審報告（2010）において指摘された、児童生徒に対して形成的な評価を行い児童生徒の成長を促すこと、保護者と学習評価の結果を共有し家庭での学習を促すこと、児童生徒による自己評価や相互評価を行い児童生徒自らの気付きを促すこと等といった、学習評価を児童生徒の支援に活用する実践について示しました。

　児童生徒が行う自己評価とは、児童生徒が自分自身の現状やある教育活動の成果や結果を評価することであり、児童生徒が教員など他者の指示などでのみコントロールされることなく、児童生徒自身で評価した行動を改善させることにつながるなどの意義が指摘されています（マーガレット，2005）。一方、児童生徒が行う相互評価とは、児童生徒がお互いの学びの成果や結果を評価し伝えることであり、児童生徒の主体性や児童生徒同士の人間関係の形成をはぐくむなどの意義が指摘されています（藤原，2011）。

　知的障害教育においても、児童生徒が行う自己評価や相互評価は多くの実践がなされており、例えば児童生徒が自らの現状を評価して自らの長所や短所を理解する（東京都立青峰学園，2012）、接客やマナーなど目で見て分かりにくい対人スキルを学ぶ授業の振り返りに活用する（山田，2007）、生活単元学習の集団学習において視覚的手がかりを活用して児童生徒が互いに評価を伝え合う（静岡大学附属特別支援学校，2013）等といった実践が報告されています。知的障害教育において自己評価や相互評価を有効に行うためには、評価結果の示し方や評価方法の手順を明確にするといった工夫をすることで、個々の児童生徒が自己評価を行いやすく、さらにその結果を理解しやすくすること、児童生徒による自己評価や相互評価の結果を教師による評価の結果とすり合せて、児童生徒が自己評価や相互評価から自己の気付きにつながるよう教師が促すこと、日々の教育活動内で日常的に児童生徒が自己評価や相互評価をすること、教師による形成的な評価を受けるようにするといったことが挙げられます。

　京都府立舞鶴支援学校では、「ほめる仕掛けづくり」により、児童生徒に適切行動が何かを明確に伝え、児童生徒の自己肯定感が高まることをねらっていました。具体的には、小学部の「二分の一成人式」や小中学部の「マナー検定」や、中学部の生活単元学習における家庭と連携した生活技術の指導等がありました。さらに、児童生徒による自己評価・相互評価をタブレットや作業日誌を活用して行い、児童生徒の学習意欲の向上や、次の目標への気付きを促してい

ました。児童生徒による自己評価・相互評価では、併せて教師による評価も行い、自己評価・相互評価の結果の精度を高めると共に、生徒が次の目標や注意点に気付くことを促していました。

一方で、千葉県立特別支援学校流山高等学園では、専門教科の時間において作業日誌を用いて生徒が自己評価を行っていました。生徒による自己評価の正確性を高め、自己評価の結果からその生徒の次の目標につなげるために、「自立へのステージアップ表」における観点を生徒が理解しやすいように表現を簡略化し、自己評価の観点と「自立へのステージアップ表」の観点を統一していました。また、生徒の自己評価と教師による評価を併記するようにして、生徒の自己評価と教師の評価結果を毎時間すり合せて、自己評価の正確性を高めるとともに、生徒の次の目標への気付きを促すようにしていました。さらに、自己評価の観点や、生徒の自己評価の結果を毎週、保護者とも共有し、保護者から生徒の自己評価に対してコメントをしてもらうようにしていました。

以上の研究協力機関の実践から、学習評価を児童生徒への支援に活用する実践として、児童生徒による自己評価・相互評価、教師によるほめる仕掛けづくりが挙げられました。このような実践を行うことで、児童生徒の自己肯定感が高まるとともに、児童生徒が自らの次の課題に気付くことが促せることが示されました。そのような成果を出すための工夫として、評価の規準・基準を児童生徒に対して明確化すること、児童生徒による自己評価・相互評価の結果を教師の評価と擦り合せて気付きを促すこと、作業日誌の書式やタブレットの利用などツールの工夫が挙げられていました。

【参考文献・引用文献】
1) 藤原義博（2011）協同学習による授業づくりを目ざしてみよう（連載 子供がわかって動ける授業づくり第9回）．実践障害児教育，452，38‐43．学研教育出版
2) マーガレット，E．（著），三田地真実（訳）（2005）ステップ式で考えるセルフ・マネージメントの指導．学苑社．
3) 静岡大学附属特別支援学校（2013）特別支援教育のコツ 今、知りたい！かかわる力・調整する力．ジアース教育新社．
4) 東京都立青峰学園（2012）知的障害の軽い生徒達が主体的に学ぶ授業をめざして―「職業」及び「職業に関する教科」の実践―．平成23年度 研究紀要，第3号．
5) 山田智誠（2007）就労をめざす知的障害のある生徒への支援に関する研究．やまぐち総合教育センター研究紀要．

4 組織的・体系的な学習評価を促す実践

実践の概要

　本研究でテーマとして掲げている「組織的な学習評価」とは、組織を構成する教職員が共通の目的のもとに、一定のルールや方法に基づいて、情報交換・意見交換を行い、組織の総意として学習状況の分析結果を示し、その結果の価値判断を行うことを意味しています。また、「体系的な学習評価」とは、系統性や整合性のある教育目標・育てたい子ども像等に基づいて実施された、それぞれの学年・学部等の段階、或いは、各教科等の授業・単元・1年間の総括の段階において、教育の成果を一定の方法に即して評価し、その結果をより高次の目標との関係の中に位置付け、価値付けていく総合的な営みを意味しています。

　上記を踏まえながら研究協力機関の組織的・体系的な学習評価の取組を概観しますと、広島県立庄原特別支援学校では、一つ一つの授業を丁寧に振り返りながら学習状況の評価を積み重ねて、単元計画や年間指導計画の改善へと連動させています。また、学校教育目標が具現化されているかについては、教育課程検討会議が中心となり、学校の教育課程全体を俯瞰したカリキュラム・マネジメントが行われています。

　静岡県立袋井特別支援学校では、授業づくりや単元づくり等に関わって様々な書式を工夫して、その中で学習評価を積み重ね、授業から単元、単元から年間指導計画へと体系的な改善の流れを形づくっています。また、同校の校務分掌の一つである研修課による学習評価や授業改善に関わる情報発信が行われ、組織的な営みとなるような工夫が実施されています。

　双方の学校において、自校の学校経営上の課題や研究推進上の課題を踏まえて、学校独自の強みや特徴を生かし、工夫を凝らした学習評価等の取組が行われています。

　本項では、組織的・体系的な学習評価の推進や教育課程改善に関わる様々な要因を検討・工夫・改善して取り組んでいる各研究協力機関の実践について詳しく述べます。

第Ⅱ章　実践編

■ 広島県立庄原特別支援学校の実践

１）学校の概要

本校は、昭和54年に広島県立庄原格致高等学校内に広島県立庄原養護学校設置開校準備室として設置され、その後、現在地で、小学部17学級、中学部10学級の学級編制で開校されました。また、同時に三次・粟屋分級、三次・河内分級も開校されました。さらに、昭和55年には、本校及び三次・河内分級に高等部が設置されました。

写真 2-4-1　学校の外観

平成12年には、三次・河内分級が、次いで平成22年には、三次・粟屋分級が本校に統廃合されて現在に至っています。

平成26年度現在、小学部7学級15名、中学部4学級12名、高等部9学級55名、計82名の児童生徒が学んでいます。県北唯一の特別支援学校であるため、庄原方面、三次方面、世羅方面など広範囲から児童生徒が通ってきています。ほとんどの児童生徒がスクールバス、保護者の送迎で通学していますが、高等部の生徒の中には、路線バス、自転車、徒歩による通学をしている生徒も約30名います。

２）教育の基本方針

本校では、学校経営計画ビジョン（使命の追求を通じて実現しようとする自校の将来像）の「育てたい子ども像」として、知・徳・体、言語活動を柱に、

知は、「学習活動を通して、自ら学び伸びようとする子ども」

徳は、「人との関わりの中で、他者を尊重する心を持つ子ども」

体は、「健康で安全に生活できる知識と体力を身に付けた子ども」

言語活動は、「理解できる言葉を多く持ち、自分の意思を伝えるスキルを身に付けている子ども」を掲げ、高等部卒業後の具体的な子ども像を設定して、取組を進めています。

また、学校経営計画に基づく学校経営目標として、

　① 学力の向上

　② 豊かな心の育成

　③ 体力の向上

④　発達段階に応じた教育内容の充実

の４点を挙げています。児童生徒がどのように成長してほしいかという、「育てたい子ども像」に向けて目標設定をしていることが、本校の学校経営目標の特徴です。

また、本校の教育目標は次のとおりです。

　一人一人の特性に応じた教育を行い、その可能性を最大に伸ばし、
　社会参加や自立につながる生きる力を育てる

本校は、「県北地域における唯一の特別支援学校として、専門性に基づく教育機能を発揮し、児童生徒の生きる力を育成するとともに、地域のセンター的機能を果たす」ことを使命として上記の学校教育目標を掲げ、自ら伸びようと意欲的に学び、人との関わりの中で他者を尊重する心や、健康で安全に生活できる知識と体力を身に付け、理解できる言葉を多く持ち、自分の意思を伝えることができる児童生徒の育成を目指し、日々の教育活動を行っています。

上記の目標を達成するために、３年間の研究テーマとして、平成24年度から「主体的活動を促す授業づくり」を掲げ、「授業における目標を具体的に設定し、毎時間評価し、さらに工夫し、改善することにより、児童生徒の主体的な活動を促すことができる」という仮説を立てて実践研究の取組を行ってきました。

３）教育課程

本校は、知的障害者である児童生徒に対する教育を行う教育課程を編成し、小学部・中学部・高等部それぞれの発達段階に即した学習形態で、一人一人を大切にしたきめ細かな指導を行っています。小・中学部は、単一障害学級・重複障害学級の二つの教育課程を、高等部は、単一障害学級を障害の程度に応じて類型Ⅰ、類型Ⅱに分け、重複障害学級と合わせ三つの教育課程を編成しています。

各学部の指導形態の詳細は以下の通りです。

小学部単一障害学級では、各教科等を合わせた指導（日常生活の指導・生活単元学習・遊びの指導）、重複障害学級では、各教科等を合わせた指導（日常生活の指導・生活単元学習・遊びの指導）と自立活動を編成しています。

中学部単一障害学級では、各教科等を合わせた指導（日常生活の指導・生活単元学習・作業学習）と各教科（音楽・保健体育）、総合的な学習の時間、重

複障害学級では、各教科等を合わせた指導（日常生活の指導・生活単元学習）と自立活動、総合的な学習の時間を編成しています。

　高等部単一障害学級（類型Ⅰ）では、各教科等を合わせた指導（日常生活の指導・生活単元学習・作業学習）、各教科（国語・数学・音楽・美術・保健体育）、総合的な学習の時間を編成しています。単一障害学級（類型Ⅱ）では、各教科等を合わせた指導（日常生活の指導・生活単元学習・作業学習）各教科（音楽・美術・保健体育）、総合的な学習の時間を編成しています。重複障害学級では、各教科等を合わせた指導（日常生活の指導・生活単元学習・作業学習）、自立活動、総合的な学習の時間を編成しています。

　また、訪問教育では、小・中・高等部ともに各教科等を合わせた指導（日常生活の指導）と自立活動を編成しています。

4）学校の特色

　本校は、広島県庄原市に位置しており、児童生徒のほとんどが庄原市、三次市等県北に在住しています。庄原市、三次市から協力的な支援を受けているとともに、地域住民、教育・産業等関係各所の協力を得て、連携を図りながら特色ある教育内容の実現を目指しています。

　近年、高等部において、軽度知的障害の生徒が増加し、一般就労希望者が増加傾向にあります。そのため、作業学習、就業体験、職場実習等のキャリア教育の一層の充実を図る必要があります。平成22年度からは、本校にジョブサポートティーチャーが配置され、学校と関係諸機関や企業等との連携を図りつつ、生徒の職場開拓や職業指導の充実に努めています。個々の児童生徒の教育的ニーズを明確にし、個別の指導計画に基づいて各授業が計画的、効果的に実施できるよう年間指導計画、単元計画に基づいて実施しています。とりわけ、観点別評価を導入するなど学習評価の精度を高めることを通して、指導略案の充実を図り授業づくりを進めるとともに、児童生徒の将来を見据えた、小学部から高等部までの系統性を考慮した教育内容の改善に努めています。

　また、県北唯一の特別支援学校として、センター的機能の充実を図るため、平成21年度から1名配置されている教育相談主任（特別支援教育コーディネーター）を中心に特別支援教育の情報発信の継続と県北地域の保育所・幼稚園・小学校・中学校・高等学校等における特別支援教育のネットワーク化を図り、本校を中核とする関係機関等との地域支援ネットワークを構築しようと取組を進めています。

　さらには、グローバル社会に対応できる幅広い視野を持ち、主体的に行動す

るコミュニケーション能力を身に付けた児童生徒を育成するため、シンガポールの特別支援学校2校（Towner Gardens School、Fernvale Gardens School）と姉妹校提携し、ビデオチャットを活用した情報交換や、Edomodoというアプリを活用して自画像や写真等を紙に貼ってつくった自分のフラットスタンレーを送り合う活動等を行い、海外交流を行っています。平成26年度は、2週間の短期海外留学も企画し、高等部生徒2名が姉妹校を訪問しました。実際に姉妹校の生徒とコミュニケーションを取ったり授業に参加したりするなど体験的に異文化に触れ理解を深めることができました。

5）学習評価の取組の概況

平成24年度より「主体的活動を促す授業づくり」というテーマで研究を進め、3年目を迎えました。平成26年度も目標設定と評価の在り方に焦点を当て、授業の指導略案を毎時間評価し、授業改善に生かす取組を積み重ねることで、研究テーマに迫ろうと取組を進めています。

平成25年度の課題であった「各教科等を合わせた指導において含まれる教科の目標が毎時間の授業に反映されるようにすること」と「評価の観点を明確にすること」に取り組むため、平成26年度の指導略案の様式を次のように改めました。

本時の目標は、「学習集団」の目標を書き、含まれる教科を記入することとしました。ただし、本時の目標に基づいた学習指導の実施と評価につながるように、本時の一番重要な場面に焦点を当てて目標を立てます。また、本時の学習集団の目標に基づいた個別の評価規準を設定し、学習指導要領に基づいた教科の目標と学習内容の段階を記入することで、授業者がそれらを明確にして指導できるようにしました。さらに、個々の評価規準が、「関心・意欲・態度」「思考・判断・表現」「技能」「知識・理解」の4観点のどれにあたるかを明記し、目標の達成状況を観点ごとに評価することに取り組むことにしました。

平成26年度は、一つの単元で4観点を全て評価できるよう単元の指導計画を考えていくこととしています。このことにより、単元を通して、児童生徒に生きる力が身に付いているかを分析的に評価することができるようになっています。

学習集団の評価は4段階で評価し、個々の評価は、指導略案に反省・気付きを記入する欄を設け、児童生徒への手立てを振り返り、次時への改善点や児童生徒の変容について記録を残すようにしています。

本校では、さらに、指導略案の評価を基に単元計画の評価を行うことにより、

教育課程の研究へとつなげ、教育課程の改善を図る取組を行っています。一つの単元が終わるごとに、指導略案の評価を基にしながら、単元計画の評価を行います。単元計画の評価は次の二つの観点で評価を行います。

　一つめは、個々の児童生徒への指導の評価です。付けたい力や単元目標に対する児童生徒の変容を文章で記述します。なお、この部分は、個別の指導計画と関連しています。

　二つめは、単元の評価です。「主な内容」「授業形態」「時数」の3点について評価を行い、課題がある場合は改善点を記入します。これらの評価を教育課程編成会議において協議を行い、次年度の教育課程編成に生かしていきます。

　このように、本校では、日々の授業の評価を積み重ねることにより、授業改善だけでなく、教育課程を検討するシステムを構築しています。学習評価は、児童生徒の実態を示すとともに本校の教育課程の妥当性を問うものです。学習評価によって本校の現状を適切に把握し、教育課程編成に生かしていくことで、本校の教育課程がより適正化し、特色のあるものになると考えます。

6)「組織的・体系的な学習評価を促す実践」に係る本校研究の概要と経緯
①はじめに

　本校では、学校経営計画ビジョンの実現に向けて、学習指導略案と単元計画を活用して、「毎時間の授業において、児童生徒及び指導者の評価を積み重ねることで、教育課程を改善することができる。」という基本的な考え方のもと、取組を積み重ねています。そして、学習指導略案及び単元計画の様式を、授業改善及び教育課程研究の基礎資料となるように順次改訂しており、PDCAサイクルに基づき、組織的・体系的に学習評価についての研究を行っています。

②学習指導略案による学習評価

　平成26年度は、研究テーマを「主体的活動を促す授業づくり③～目標設定と評価の在り方に係る研究を通して～」とし、平成24年度より3年間継続して授業改善に係る研究に取り組んでいます。本校の研究の特色は、学習指導略案（図2-4-1）を活用して授業の在り方や指導方法、内容を評価することであり、毎時間、授業を振り返り、評価を行うことが定着してきています。

第5節　四つの柱ごとの研究協力機関の実践

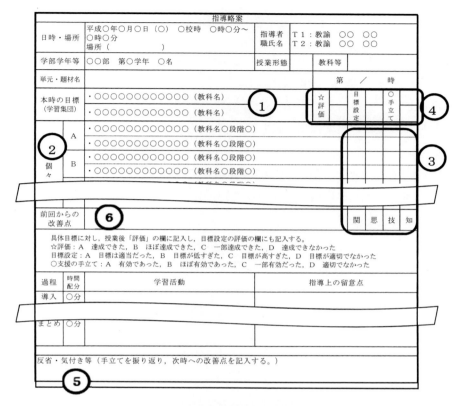

図2-4-1　平成26年度学習指導略案様式

本校の学習指導略案の特徴は、以下の5点です。

1. 本時の目標（図2-4-1　①の項目）

　本時の最も重要な場面（授業の山場）に焦点を当てて、学習集団の目標を記入します。特別支援学校（知的障害）の各教科の指導内容がどのように含まれているかも記入します。

2. 個々の評価規準（図2-4-1　②の項目）

　個々の児童生徒の評価規準を記入する欄を設けています。本時の目標と同様、含まれる教科を記入します。また、本時の目標欄に記入した教科名と揃えるようにして、各教科の特別支援学校学習指導要領のどの段階にあたるのかも記入します。

3. 観点の評価（図2-4-1　③の項目）

　それぞれの評価規準が「関心・意欲・態度」「思考・判断・表現」「技能」「知識・理解」のどの観点にあたるか○を付けます。一つの単元で、すべての観点を網羅できるよう、授業において指導と評価の一体化を図るように計画し

第Ⅱ章　実践編

ます。

4. 評価欄（図2-4-1　④の項目）

　授業者は毎時間、授業後に学習指導略案の評価欄に、「目標の達成度」「目標の妥当性」「支援の有効性」について、自らの授業をA〜Dでの4段階で評価します。授業者が記入した評価について、全校の6月分と10月分の授業の一部について集約、比較し、目標の達成度が上がったかどうかを検証します。

5. 反省・気付き等、前回からの改善点（図2-4-1　⑤⑥の項目）

　「反省・気付き等」の欄には、なぜ目標が達成されたのか、されなかったのか、何が効果的だったのか等、手立てに焦点を絞って振り返り、次時への改善点を記入します。この欄に記入したことは、次時の学習指導略案の「前回からの改善点」の欄に記入する際、参考にすることができます。

　本校では、このような授業の自己評価を積み重ね、一つの単元が終わると単元の評価を行います。また、個々の児童生徒の変容や学習状況、学びの様子等も合わせて記入し指導の方法、内容について自己評価も行い、個別の指導計画にもつなげています。

　このように学習指導略案を活用し、図2-4-4のようなPDCAサイクルが繰り返し行われることが定着してきています。これを毎時間繰り返すことで、授業の構想力や指導法が上がっていくと考えます。

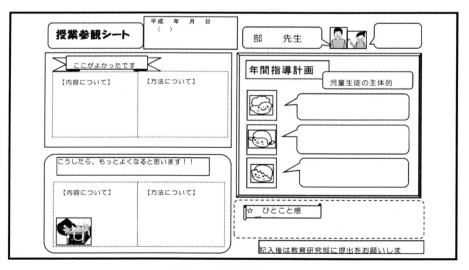

図2-4-2　授業参観シート

第5節　四つの柱ごとの研究協力機関の実践

　さらには、組織的な取組として、授業力を高めるために学部を超えて授業者同士がお互いの授業を参観し合う、参観授業を実施しています。年3回「授業を見に行こう月間」を設定し、小学部、中学部、高等部の各学部の授業を一度ずつは参観するようにしています。参観時には「授業参観シート」（図2-4-2）を持参し、授業の中で見られた児童生徒の主体的な姿や気付き、改善点等を記入し、授業者に返却します。授業者はシートに書かれた意見を参考に取り入れることを明確にし、参観者は授業のよかった点を自らの授業づくりに生かしていくことができます。

　今後も、このようなPDCAサイクルを確実に回しながら、指導者全員で授業改善に取り組んでいきたいと思います。

③単元計画による単元の評価

　本校では、単元計画を作成する前段階に「単元構成表」を作成しています。つまり、二段構えでの「単元づくり」を行っていると言えます。

　「単元構成表」の特徴としては

1. 学校経営計画の育てたい子ども像を反映している

　本校では、学校経営計画に掲げる「育てたい子ども像」から、各学部が掲げる「目指す子ども像」を設定し、学習指導要領における各教科等の目標を達成させるために必要な具体的な力として、「付けたい力」を位置付けています。そして、「付けたい力」から、各教科等の目標を基に、指導形態別に目標を設定し、さらにそれを基に、単元の構成、内容の項目、目標、授業時数の設定をしています。

2. 学習指導要領における指導すべき内容を網羅している

　以前は、単元計画の中で、学習指導要領における各教科等の指導すべき内容がすべて網羅できているか、確認することが難しい状況にありました。しかし、単元構成表作成後は、学習指導要領における各教科の指導すべき内容を把握することができて、単元構成表に基づいて授業を実施すれば、各教科の内容を網羅できる仕組みになっています。

3. 小学部、中学部、高等部の12年間を見据え、内容を系統的に配列している

　以前は、学習評価の際には各学部がそれぞれの裁量で内容を考えていましたが、内容に重複する部分があること、下学年の方が難しい内容に取り組むことが出てくること等、学校全体としての課題がありました。そこで、小学部から高等部までの段階を意識することで、学部（学年）ごとに内容を考えるのでは

第Ⅱ章　実践編

なく、学校として系統的な内容になるように単元を構成しています。

それをもとに、「単元計画」（図2-4-3）を作成しています。

「単元計画」の特徴としては、

4.使用教科書、単元で付けたい力、含まれる教科等を記入する

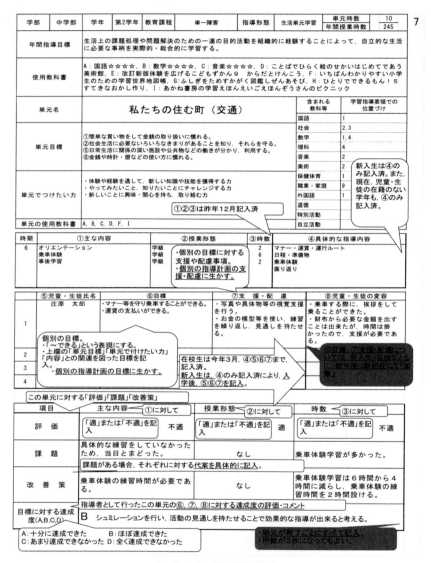

図2-4-3　単元計画様式

本校は、知的障害特別支援学校であるため、指導形態として、各教科等を合わせた指導を多く取り入れています。単元計画の中に含まれる各教科等における指導すべき内容を記入することで、学習指導要領の内容を網羅できるように

172

しています。

これは単元構成表と同様の趣旨です。

5. 児童生徒の、個々の目標、支援、配慮を記入する

個別の指導計画における目標設定や支援を考える際に、単元計画の記述を転記したり、参考にしたりするためです。作成上の留意事項として、児童生徒の個々の目標や支援等について、前年度中に旧担任が、次年度の前期分を記入することで、より実態に応じた目標や支援が記入できるようにしています。当然、新担任は必要に応じて、新学期以降に内容や支援等を、加筆修正できるようにしています。

6. 単元の評価欄を設けている

本校の単元の評価欄は、教育課程の評価と連動した項目になっており、単元の主な内容、授業形態、授業時数について、評価、課題、改善策を記入し、さらに目標に対する達成度をA～Dの4段階で記入する様式になっています。

一つの単元が終わると、単元計画の評価を行い、単元ごとに繰り返し評価して、データを蓄積することで、各教科等への振り分けや単元の構成、項目、目標、授業時数について、反省点や課題を明確にし、次年度の教育課程を検討する際の重要なデータとなるようにPDCAサイクルを踏まえた様式となっています。

また、単元の評価は、教育課程の評価だけでなく、次の単元づくりにも生かして、授業改善を進めていくこともできるようになっています。

④教育課程の評価

本校では、教育課程を研究するために、教育課程検討会議を、校長の諮問機関として立ち上げています。これは、管理職（校長、教頭、各学部部主事）、各学部の教務主任と教育課程編成に向けて中心的に検討できるメンバーで構成しています。

本会議の役割は、以下の2点です。

1. 教育課程の現状を分析し、課題を解決する

本校では以前は、年間指導計画、単元計画、学習指導略案について、学習指導要領における指導すべき内容を網羅できていないことや、各教科等を合わせた指導の中で、各教科等の目標や内容が明確に含まれないまま、授業が展開されていること等の課題がありました。教育課程検討会議では、そのような課題に対して、メンバーが現状を分析して、課題を解決する方策を検討しています。

2. 全教職員に単元の評価と教育課程編成に係るアンケートを実施し、課題を解決する

本校では、単元の評価と、教育課程編成に係るアンケートを実施して、教職員全員が、教育課程の改善に関わることができるシステムになっています。

　教育課程編成に係るアンケートでは、「育てたい子ども像」の実現に向けて、児童生徒に力が付いてきているのかという視点で、目標に対する児童生徒の変容について、全教職員が記入しています。アンケートは、①単元計画の単元構成について（順序、内容など）、②単元計画の各単元の時間配分について、③単元計画の様式について、④日課について、⑤目標の達成ができなかった単元について、⑥個々の単元について（要・不要なども含め）、⑦その他自由記述の七つの観点で示しています。

　本アンケートは、些細な内容や率直な意見、課題に対しての積極的な改善策を記入できるように配慮しています。また、意見に対して、教育課程検討会議のメンバーが、質問等をする場合を想定して、記名式のアンケートとしています。

　以上のように、単元の評価と、教育課程編成に係るアンケートを基に、課題を解決するシステムになっていますが、教育課程を改善する際には、系統性を考慮することや、児童生徒にとって何が必要であるか留意しながら、検討を行っています。そして、検討されたことを基に、単元構成表等の教育課程の骨格となるものが作成されます。

⑤まとめ

　本校では、学校経営計画における「育てたい子ども像」の実現のために、学習指導略案と、単元計画を活用することで、全教職員が組織的・体系的に学習評価に取り組めるシステムを作ってきました。日々の学習指導略案の評価の積み重ねが単元計画の評価につながり、単元計画の評価が教育課程の評価につながり、教育課程を評価することが、毎時間の授業の評価につながっています。また、それぞれの過程において、一時間の授業、一つの単元においてもPDCAサイクルが機能しています（図2-4-4）。

　今後も、より「育てたい子ども像」及び学習指導要領に基づいた教育課程の編成について理解を浸透させることや、PDCAサイクルに則った授業改善と教育課程の評価、改善に継続して取り組み、「育てたい子ども像」の実現に向けて、児童生徒の指導を深め進化させていくことを課題として、組織的・体系的な学習評価を促す実践に取り組んでいきたいと考えています。

第5節　四つの柱ごとの研究協力機関の実践

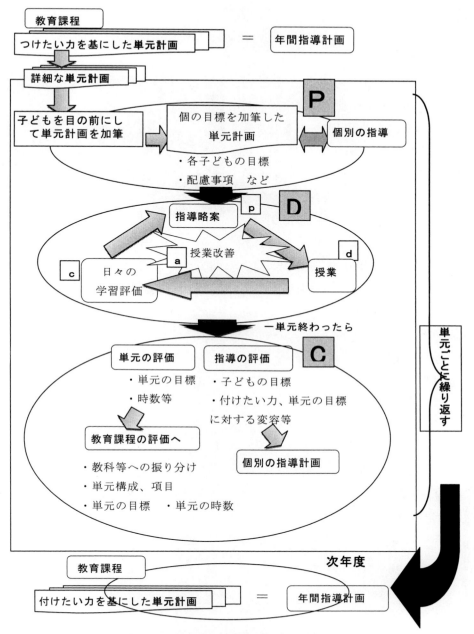

図 2-4-4　本校における教育課程評価の PDCA サイクル

第Ⅱ章　実践編

■ 静岡県立袋井特別支援学校の実践

1）学校の概要

本校は、東海道の中央にあたる27番めの宿「袋井」の地に平成2年開校の知的障害と肢体不自由を併置した特別支援学校です。磐田市、袋井市、掛川市、御前崎市、菊川市、森町の5市1町を通学区とし、在籍数は知的障害教育部門小学部125人、中学部91人、高等部106人、肢体不自由教育部門小

写真2-4-2　学校の外観

学部38人、中学部11人、高等部14人、訪問教育10人、全校で395人が在籍しています。かねてよりの課題として大規模校化・施設狭隘化及び通学区域が広いための負担が挙げられてきました。平成26年度、校内に新設校準備委員会が設置され、平成27年度より掛川特別支援学校が開校されます。

2）教育の基本方針

①目指す学校像

　　＜教育目標＞　　自ら光る子
　　　　　　～それぞれの子がその子らしく精いっぱい生きる～

1) 自分の力を精いっぱい発揮する学校　【子ども主体の学校】
2) 安心して生活、学習できる学校　　　【安全安心な学校】
3) 保護者、地域とともに歩む学校　　　【開かれた学校】

①各部門の教育方針

部　門	教育方針
肢体不自由教育部門 小学部、中学部 高等部	生涯にわたり豊かな生活を送るために、児童生徒の実態や生活年齢に合わせた「豊かな姿」を育む指導を小学部から高等部まで一貫して行う。教育課程の柱を自立活動としている。
知的障害教育部門 小学部	子どもたちが周囲の物や人に関心を持ち、自分からやってみようとする意欲を育てていく。そして、その意欲を土台に身体面、身辺自立面、社会性など子どもたちの生活全般に関わる基礎的な力を培っていく。「生活の基盤づくり」を目指す。教育課程の柱を生活単元学習としている。
知的障害教育部門 中学部	身の回りのことを確立する、周囲の人とのぞましい接し方を身に付ける、「働く」気持ちを育てる等、「社会参加の基礎」をつくる。教育課程の柱を作業学習としている。
知的障害教育部門 高等部	卒業後、地域社会の中で心豊かに充実した生活を送ることができるよう一人一人が社会自立するための「働く力」(生きる力)を養う。教育課程の柱を作業学習としている。

訪問教育	児童生徒が健康を保ち、自分なりのペースで毎日を将来にわたって主体的な生活を送っていくために必要な力を身に付けられるよう指導を行う。教育課程の柱を自立活動としている。

3）教育課程

本校では、教育課程を知的障害教育部門と肢体不自由教育部門の二つに分けて編成しています。部門ごと児童生徒の実態を的確に捉え、学習の内容に合わせた集団を編成し、児童生徒の能力特性を伸ばすように個に応じた指導を行っています。次の図は知的障害教育部門の小学部から高等部までの日課表です。

図2-4-5　小学部から高等部までの日課

4）学校の特色

本校では、平成18年度より「働く人を育てる」をテーマに研究を行ってきました。そして、これまでに働く人を「最大限の力を発揮して人との関わりの中で生き生きと活動する人」とし、働く人になるために必要な三つの力を「興

味・関心・意欲」「知識・技能」「人と関わる力」とおさえ、児童生徒のキャリア発達を促すために授業実践を行っています。

5）学習評価の取組の概要
①研修体制
　本校では、経験年数が5年未満の教員が多い中で、それぞれの部門の経営と研修が一体となり、授業研究に取り組めるように校内研修を各部門で組織したり、授業研究を行うにあたっては図2-4-6のように授業づくりの流れを明確に示したりすることによって経験年数を問わず、どの教員も全ての児童生徒が「自ら光る子」になるために共通理解して授業に取り組むようにしています。

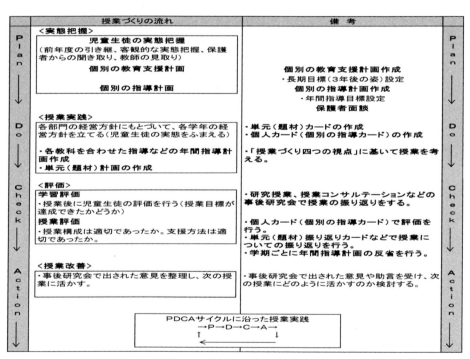

図2-4-6　授業づくりの流れ図

②校内研修としての取組
　本校では、学習評価を特別のものとして捉えず、「授業（指導）と評価の一体化」と考え、校内研修でも図2-4-6に示した流れに沿って授業研究を行っています。
　まず、育てたい力を明確にして行うために、児童生徒の実態把握をすることから始めます。その観点は自立活動の6区分とし、前年度の引き継ぎ、保護者からの聞き取り、客観的な検査等を行い、一人一人の「今」を見極めます。
<実態把握>

第5節　四つの柱ごとの研究協力機関の実践

　次に、各部門の経営方針からつながる各学年の経営方針や個別の教育支援計画、個別の指導計画に基づき、各教科を合わせた指導等の年間指導計画を立てていきます。

　授業では、※1「授業づくりの四つの視点」に基づき、単元を通して育てたい力を明確にして授業を行うようにしています。また、事前研修として、研究授業を行う学年が授業を考える段階で悩んでいること、アドバイスしてほしい内容について意見交換をする場を設けています。

> ※1「授業づくりの四つの視点」
> 　本校では、これまでの研究成果から「課題設定の工夫」、「環境設定の工夫」、「教材・教具の工夫」、「働き掛けの工夫」の四つを授業づくりの視点としてきました。「課題設定の工夫」は主に、単元や題材を設定する上で必要な視点であり、単元の中で育てたい力を明確にするために有効です。「環境設定の工夫」「教材・教具の工夫」「働きかけの工夫」は、授業構想の上での根拠と児童生徒への支援方法を工夫するために大切な視点です。

<授業実践>

　各研究班では年間2回以上、他校から助言者を招聘して指導助言を受ける授業研究、外部講師による授業コンサルテーションを行っています。授業研究は、校内の教員が自分の所属以外の研究班の授業参観をし、事後研修では、8人から10人程度のグループを編成し、ファシリテーターが中心となって意見交換を行ったり助言者から指導助言を受けたりします。外部講師による授業コンサルテーションでは、授業について直接授業者が指導助言を受けます。

<評価>

　授業者は授業研究や授業コンサルテーションでの意見や指導助言について、学年会で話し合い、次の授業に生かします。そして、次の班別研修会では、その後の授業改善について発表します。他の学年においても、参考にできるところを取り入れて授業改善につなげていきます。

<授業改善>

③授業実践の中での取組

　上記のような校内研修システムとしての「授業づくりの流れ」の中に日々の授業があります。よりよい授業を目指していくために私たちは、児童生徒の実態把握を的確に行い、適切な目標設定することが必要です。そして、授業を行ってみて目標達成ができない場合は、私たちの支援方法を振り返り、そのことに

第Ⅱ章　実践編

ついてチームで話し合うことで、より広い視点からよりよい支援を導き出したり「個人カード」「単元振り返りカード」を活用して原因分析をしたりするなど、丁寧に評価を行うようにしています。児童生徒個々の評価については、個人カード(個別の指導カード)を作成し、児童生徒の目標に即して、「興味・関心・意欲」「知識・技能」「人とかかわる力」の3観点から評価するようにしています。これらの「個人カード」や「単元カード」等は、教員間で共通理解して授業に取り組むための大切なツールです。

　事後反省会では、「授業づくり四つの視点」で授業の評価を行い、次の授業へどのように生かすのか検討します。そして、その内容を単元(題材)カードへ記入し、ともに授業を行う教員が共通理解して授業を行うようにしています。単元終了後には、その単元(題材)内容や児童生徒への支援方法等が適切であったかを評価し、次の単元に生かしていきます。このようにPDCAサイクルに沿った授業実践が授業改善へとつながっていきます。

6)「組織的・体系的な学習評価を促す実践」に係る本校研究の概要と経緯
①自ら光る子を目指して

　本校では、学校教育目標「自ら光る子〜それぞれの子がその子らしく精いっぱい生きる〜」に迫るために「興味・関心・意欲」「知識・技能」「人と関わる力」の三つの力が必要であると考えています。これら三つの力は相互に作用し

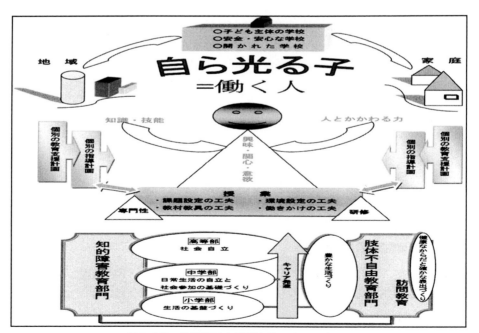

図2-4-7　袋井特別支援学校グランドデザイン

あい、この力を育てることが「自ら光る子」すなわち「働く人」につながるとおさえています（図2-4-7）。

本校で考える「働く人」は自分の持つ力を最大限発揮して活躍する人です。

前述のように、「働く人」を育てるために三つの力を育てることが自立につながると考えています。そのためには、児童生徒の意欲面を育てることが大切です。

また「働く人」とは、自分のことは自分でできる人、自分で考え判断する人等とその具体像を表2-4-1のように捉えています。そしてそれぞれの部門での教育方針を明確にし、小学部を土台に中学部へ、中学部から高等部へとつなぎ、12年間を通して「働く人」を育てたいと考えています。

また、一人一人の児童生徒の育てたい力を明確にすることが「働く人」を育てることにつながると考えます。

表2-4-1　働く人の具体像

・自分のことは自分でできる人　・人や物に積極的に関わる人
・活動に集中して取り組む人　　・見通しを持って行動できる人
・自分で判断して考えて行動する人
・自分なりの方法で「快」「不快」を相手に伝えられる人
・目の表情やサインや言葉など自分なりの方法であいさつができる人
・自分に任されたことに丁寧に取り組む人
・周りの人や物に気付き、自分世界を広げることができる人　　等

②育てたい力を明確にするために

本校では、
・授業づくりをPDCAサイクルで進める
・単元カード、個人カード等共通理解するためのツールとして利用するという2点を大事にしています。

1. 授業づくりの流れ

育てたい力を明確にして授業を行うために、授業づくりの流れ図（図2-4-6）のように授業実践を進めています。まず、児童生徒の実態把握をすることから始めます。その観点は自立活動6区分の項目としています。前年度の引き継ぎ、保護者からの聞き取り、客観的な検査等を行い、一人一人の「今」を見極めます。次に、個別の教育支援計画での長期目標、個別の指導計画の年間指導目標を立てていきます。このとき学年では各教科、各教科等を合わせた指導等の年間指導計画を立て、それぞれの単元(題材)の大まかなおさえをします。さら

第Ⅱ章　実践編

に、それぞれの授業では、児童生徒の個々の目標を個人カード(個別の指導カード：図2-4-8)に記入し、単元終了後、その目標が達成されたかどうかを評価します。このとき、目標を評価するだけでなく、その過程(取組)も評価します。年間指導計画においても学期ごとに単元の見直しと反省を行い、次の単元に生かすようにしています。

　授業は、「授業づくり四つの視点(課題設定の工夫、環境設定の工夫、教材・教具の工夫、働き掛けの工夫)」に基づいて授業実践を進めています。教員間で共通理解して授業に臨めるように単元(題材)カードを作成し、単元目標、単元設定の理由、指導構想等について記入します。単元終了後には「授業づくり四つの視点」に即して、授業の構成、支援方法等について反省し、図2-4-8の単元反省カード(単元振り返りカード)に記入し、次の単元に生かすようにしています。

　このように本校では図2-4-10の通り、年間指導計画における授業改善、単元計画における授業改善、本時の授業での授業改善とそれぞれにPDCAサイクルに沿って授業改善を進めています。

平成〇〇年度　個人カード		記入者（〇〇〇）
領域・教科名（　生活単元学習　）		５年〇組（　A　）
「題材名」 ・活動内容	◎目標 ・手立て	あらわれ
「ゲームをしよう」 ・ゲームで使う道具作り ・コーナーに分かれてゲーム	◎ゲームなど簡単なルールのある遊びでは、やりたい活動を自分で選択し、自分から活動に取り組むことができる。 ・活動の始めに、教師と相談してどの活動がやりたいか決めるようにする。 ・活動の終わる時刻を、時計の長針に印を付けて示しておく。 ・教師も一緒に取り組み、活動を盛り上げることで楽しい雰囲気を作る。	・友達と分担して巨大コリントを作った。30cm×30cmの木の板にくぎを金づちで打ち込んだ。 ・くぎを打ち込む場所は教師が・印で提示し、くぎを打ち込む長さはくぎに色を塗って提示した。 ・一人で決められた量のくぎを木の板に打ち込んでコリントを作ることができた。 ・ゲームで遊ぶ場面では、教師が提示した写真カードの中から遊びたいゲームを選択し、終了時刻まで活動に取り組むことができた。
「お仕事探検隊」 ・校内の仕事調べ ・フクロイ乳業見学	◎インタビューした内容をまとめることができる。 ・インタビューの内容は同じにする ・質問の答えを教師がゆっくり復唱する。 ・ビデオを見て、インタビューしたことを思い出せるようにする。	・介助員さんと栄養士さんにインタビューした。 ・インタビューはどちらにも「仕事をしていて嬉しいことはありますか」と質問した。 ・解答を本児が文字を書くスピードに合わせて復唱することで、質問用紙に答えを記入することができた。 ・インタビューした内容をまとめるときには、本児と一緒に確認しながら書いた。
「おまつりわっしょい キラキラコンサート」 ・屋台作り ・キラキラコンサート	◎活動の目的、やり方が分かり、時間いっぱい取り組むことができる。 ・目的について授業の始めに確認する場を設ける。	・ミシンの直線縫いで法被を縫う活動を行った。機械が好きで、ミシンに興味を持ち、自分から時間いっぱい活動に取り組むことができた。

第5節　四つの柱ごとの研究協力機関の実践

の準備	・本児の興味がある機械の操作の活動を取り入れる。 ・写真と文字でミシンでの直線縫いの仕方の手順を示し、やり方が分かるようにしておく。 ・上糸、下糸はあらかじめセットし、ミシンをすぐ使えるようにしておく。 ・自分から活動に取り組むことができた	・手順表を用意して取り組んだが、活動中に見ることは難しそうだったため、忘れがちである「布押さえを下ろす」「針を下ろす」という手順だけを写真付きで机上に貼って示しておくようにすると、その2点を忘れずに取り組めることが多かった。

図2-4-8　知的障害教育部門小学部　Aさんの生活単元学習個人カード

単元反省カード

単元名		期間（時数）	

＜目標について＞

○：十分達成できた
△：もう少し改善できた

＜授業作り四つの視点について＞
・活動の質について　　　　　　　　　　　　　　　　　　　　　　　　　○・△
①その時期の子どもの生活のテーマになるような単元（内容）である。
②児童の興味に基づいている。
③その時期の生活にとって必然性がある。
④児童の実態に合っている単元（課題）である。
⑤生活年齢が考慮されている。
⑥集団として取り組むよさがあるとともに、一人一人の活動も保証されている。
⑦学習のつながり、発展性がある。
⑧日常的な動き（体の動き、手指の動き）を取り入れている。
【○について】何がどうよかったのか？

【△について】どうすればよかったのか？

・活動の量について　　　　　　　　　○・△　　　　　　　コメント
①活動量・作業量が十分確保されている。
②待ち時間が長すぎない。

的確な実態把握→目標設定をする	
興味関心の持てる導入の工夫	
授業展開の工夫	

環境設定の工夫	視覚的に分かりやすい環境設定	
	グルーピングの工夫	
	座席配置の工夫について	
	主体的に活動できる動線の工夫	
	主体的に活動できる手順表や工程表	
	主体的に活動できる道具の配置	
	活動内容提示の工夫	
	子どもの発言や考えの流れを確認しながらの板書や掲示	
教材・教具の工夫	個の実態に合った教材や教具、補助具の工夫	
働きかけの工夫	共感的な言葉掛け	
	タイミングの良い言葉掛け	
	思考や判断ができる言葉掛け	
	褒めて認める	
	見通しが持てる言葉掛け	
	教師の存在	

＜今後の単元に向けて＞

図2-4-9　知的障害教育部門小学部生活単元学習単元反省カード

第Ⅱ章　実践編

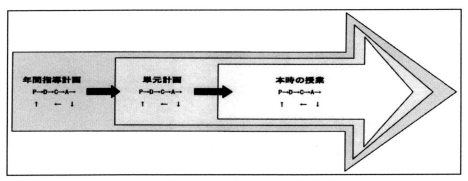

図2-4-10　PDCAサイクルの3層構造図

2. カードの活用

　単元カードは、育てたい力を明確にし、教員間の共通理解を進めるためのツールとしています。このカードには、単元目標、単元設定の理由、指導構想、指導計画を記入します。単元設定の理由には、単元を設定するにあたって必要な要素を中心に記入します。知的障害教育部門小学部では、生活単元学習単元カード（図2-4-11）に、単元を設定するにあたっての「配慮事項」として「八つのポイント（①その時期の子どもの生活テーマとなるような単元である②子どもの興味に基づいている③その時期の生活にとって必然性がある④子どもの実態に合っている単元＜課題＞である⑤生活年齢が考慮されている⑥集団として取り組むよさがあるとともに、一人一人の活動も保証されている⑦学習のつながりや発展性がある⑧日常的な動き＜体の動き、手指の動き＞を取り入れている）」を記載しています。単元設定は、このことを考慮して計画し、指導構想は「授業づくり四つの視点」から考えるようにしています。

単元カード

単元名		期　間 （時数）	
単元目標	〈興味関心・意欲〉 ・ 〈人と関わる力〉 ・ 〈知識・技能〉 ・		
配慮事項	①その時期の子どもの生活のテーマとなるような単元（内容）である。 ②子どもの興味に基づいている。 ③その時期の生活にとって必然性がある。 ④子どもの実態に合っている単元（課題）である。 ⑤生活年齢が考慮されている。 ⑥集団として取り組むよさがあるとともに、一人一人の活動も保証されている。 ⑦学習のつながり、発展性がある。 ⑧日常的な動き（体の動き、手指の動き）を取り入れている。		
	＜単元設定の理由＞ ＜指導構想＞		

第5節　四つの柱ごとの研究協力機関の実践

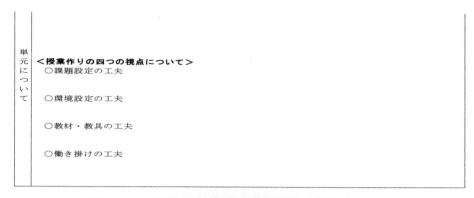

図 2-4-11　知的障害教育部門小学部生活単元学習単元カード

　指導計画（図 2-4-12）はフローチャート形式を用いて、子どもの気持ちに沿った単元計画が立てられるようにしています。このフローチャートには、その日の授業の様子から授業内容や支援方法等に改善が必要であれば、その都度話し合いながら書き込み、次の時間の授業につなげられるようにしています。

　単元反省カード（図 2-4-9）は、単元が終了したら記入します。図 2-4-9 のとおり知的障害教育部門小学部では、単元目標、授業について評価します。授業については、授業づくり四つの視点に沿って、「○：十分達成できた，△：もう少し改善できた」で評価し、必要に応じて改善策等を記入します。

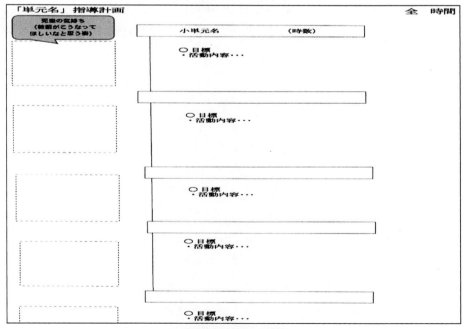

図 2-4-12　指導計画

185

第Ⅱ章　実践編

　個人カード(個別の指導カード：図2-4-8)は、児童生徒の個々の目標と支援方法等を教員間で共通理解して授業を行うためのツールであるとともに、評価表でもあります。このカードは、授業が始まる前に目標と支援方法等を記入し、教員間で確認して授業を行います。目標は「興味・関心・意欲」「知識・技能」「人との関わる力」の3観点で立てることを基本としますが、児童生徒によってはその単元で重点的に取り組みたい目標とする場合もあります。そして、終了後に目標と支援方法を評価し、次の単元の目標を立てる際にも使用します。

　これらのカードは、(評価システム全般を含む)経験年数に関わらずどの教員でも取り組めるものであり有効です。その反面、書くだけに終わってしまうこともあるため、ベテランの教員が中心に評価システム全般(評価システムの考え方、児童生徒の様子の見とり方等)について若手教員に伝達していくことが必要です。

3. 授業改善の組織的取組

　それぞれの部門と経営組織と研修課が一体となり、授業実践研究に取り組んでいます。児童生徒が「自ら光る子」になるためには、経験年数を問わず、どの教員も児童生徒の個々の目標や支援等を共通理解して授業改善に取り組むことが重要です。研究班は部門ごとに組織し、年間2回以上、外部より助言者を招へいして指導助言を受ける研究授業及び大学教授による授業コンサルテーションを行っています。研究授業は、校内職員が自分の所属以外の研究班の授業参観をして、授業についてアドバイスをしたり、事後研修に参加し意見交換をし合ったりしています。授業参観の折には、児童生徒の目標に即した評価や支援方法、授業時の環境設定等について、意見交換をしています。その際、観点を明確にした「意見交換用紙」(図2-4-13)を活用しています。

　また、研究授業前の事前研修では、授業する学年が授業を考える段階での悩みやアドバイスしてほしい内容について意見交換し、授業をつくっていきます。事後研修は、8人から10人程度の人数のグループを編成して、ファシリテーターが中心に協議を進めていきます。ファシリテーターには事前に進行方法や話し合いの論点等について共通理解を図るようにし、事後研修で参加者からの意見を求めやすく、スムーズに進められるようにしています(図2-4-13、図2-4-14)。意見交換が終了したら、各グループの意見を参加者全員が共有できるようにして、最後に助言者から指導助言を受けます。また、事後研修の内容は、研修課だより(知的障害教育部門小学部では「ぶーちゃん通信」(図2-4-15))に掲載して、他部門の教員も共有できるようにしています。

第5節　四つの柱ごとの研究協力機関の実践

```
意見交換用紙

＜１年生から御意見いただきたいこと＞＜児童の評価の方法＞について意見を書いて、この用紙に貼ってください。

＜１年生から御意見いただきたいことについて＞
　○自分から遊び場で遊ぶ、教師と同じ場で遊ぶ、遊具を共有して遊ぶための設定は適切であったか。


　○児童が自分から活動するための１時間の授業の流れは適切であったか。


　○児童が自分から活動する（個々の目標に迫る）ための教師の支援や教師の配置、役割（キャラクターの
　　登場）、連携は適切であったか。



＜児童への評価の方法について＞
```

図2-4-13　知的障害教育部門意見交換用紙

　授業者はこれらの指導助言、意見等を受けて学年会で話し合い、次の授業に生かしていきます。そして次の班別研修では、その後の授業で改善したこと、児童の変容について発表し、教員全員で授業についての取組を共有し、日々の授業改善に生かすようにしています。
　また、研究授業、事後研修をやりっぱなしで終わることのないようにしています。常に授業改善できる体制の工夫が必要であると考えています。
　大学教授による授業コンサルテーションでは、授業について直接授業者が指導助言を受けます。指導助言の内容については、研修課だよりで知らせ、授業コンサルテーションを受けていない教員も参考にできるようにしています。

第Ⅱ章　実践編

```
                    第4回　2班　班別研修
                              H26・7・9(水)　15:00〜　場所:食堂
              ┌─────────────────────────────────────┐
              │日時:7月4日(金)、7日(月)、8日(火)、9日(水) 10:00〜10:35│
              │ビデオ公開　7月8日(火)16:00〜　6年1、2組教室        │
              └─────────────────────────────────────┘
              ┌─────────────────────────────────────┐
              │授業を見て、意見交換用紙に記入をしておいてください!!│
              └─────────────────────────────────────┘

1年生事後研修　＜司会:○○＞
  15:00〜        あいさつ
                助言者紹介(○○)
                事後研修の流れについて(○○)

  15:05〜15:10  単元について(1年生より)
                質疑・応答

  15:15〜16:00  4グループに分かれての話し合い
                ・1年生より御意見頂きたいことについて
                ・児童の評価の方法について
                 ┌──────────────────────────────┐
                 │・自分から遊び場で遊ぶ、教師と同じ場で遊ぶ、遊具を共有して遊ぶための設定は適│
                 │ 切であったか。                                              │
                 │・児童が自分から活動するための1時間の授業の流れは適切であったか。      │
                 │・児童が自分から活動する(個々の目標に迫る)ための教師の支援や教師の配置、役│
                 │ 割(キャラクターの登場)、　連携は適切であったか。                  │
                 └──────────────────────────────┘

  ①司会:              ②司会:              ③司会:
   記録・発表:          記録・発表:          記録・発表:
   1年                 1年                 1年
   2年                 2年                 2年
   3年                 3年                 3年
   4年                 4年                 4年
   5年                 5年                 5年
   6年                 6年                 6年

  ④司会:              ⑤司会:
   記録・発表:          記録・発表:
   1年                 1年
   2年                 2年
   3年                 3年
   4年                 4年
   5年                 5年
   6年                 6年

  15:55〜16:10  グループで話し合われたことについての発表
  16:10〜16:35  ○○先生より指導・助言
  16:35〜       お礼の言葉(○○)
```

図2-4-14　2班事後研修について

第5節　四つの柱ごとの研究協力機関の実践

図2-4-15　研修課だより「2班ぶーちゃん通信」

第Ⅱ章　実践編

4. 学部経営と研修体制のつながり

　教育活動がよりよいものになるように学期末ごとに各部門で教育課程についての評価を行っています。学部経営案、学年経営案、年間指導計画(各教科、各教科等を合わせた指導等)の反省をして、その反省が次学期へと生かせるようにしています。また、10月と2月の年間2回、教務課が中心となり、教育課程検討委員会が行われます。

　そこでは、学期末や1年間の学部評価を受け、次年度の教育課程についての検討がなされ、検討された内容は、主事会、運営委員会、職員会議の順番で提案検討され、次年度の教育活動へと生かされます。教育課程検討委員会は、管理職、部主事、統括主任、教務課長、研修課長、進路課長、地域連携課長、学部教務のメンバーで構成されています。

　また、各教科、各教科等を合わせた指導等の年間指導計画の反省は、学期末ごとに行い、次学期の授業に生かせるようにしています。

　知的障害教育部門小学部では、1学期末、学年主任者会で各学年の年間指導計画検討会を行いました。参加者は、部主事、副主事、新設校準備委員、学年主任、知的障害教育部門小学部研修課班長として、部主事の進行で会議が進められました。方法は、各学年主任が五つの項目(学

写真2-4-3　年間指導計画検討会資料の廊下掲示

年のテーマ、学年ごとの割合の違い＜学部内の系統性、発展性＞、単元同士のつながり、教師の願いと子どもの気持ち＜学習の始まり、活動や気持ちのつながり＞、他の教科、領域とのつながり)に沿って1学期の取組状況を中心に報告しました。そして、そのことについて質疑応答や意見交換を行いました。この会議で出された意見は各学年の次学期以降の計画に反映できるとよいと考えています(図2-4-16)。

　また、話し合いで出された意見は模造紙に記録し、会議終了後廊下に掲示し、他学年の取組を誰もが見ることができ、参考となるようにしました。

　このように、研修は別のものとして捉えるのではなく、それぞれの部門の経営と研修が一体化して、授業実践研究に取り組んでいます。

第5節　四つの柱ごとの研究協力機関の実践

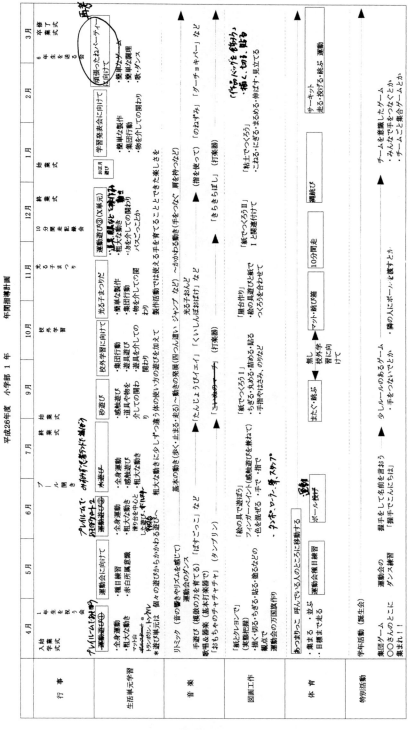

図 2-4-16

第Ⅱ章　実践編

研究協力機関の実践のまとめと考察

　各研究協力機関において、学習評価の取組を組織的・体系的に進めていく際に、学校の校務分掌組織の中で、どのような部署や各種委員会等がどのように役割を果たすのかを明確にする工夫が実施されていました。また、それらの部署間や各種委員会等の間で連携していく際に学校組織として、「どのようなシステムを整えるのか」という点や「どのような成果を生み出そうとするのか」という点について考え方を明確に示し、教職員間で共通理解を図ろうとする取組が進められていました。

　さらには、学部として、あるいは学校全体として学習評価や授業改善、教育課程編成に取り組む際、どのような方針に基づいて取組を進めるのか、具体的な学習評価の方法や授業改善、教育課程編成に関する方法論やプロセス（PDCAサイクルや改善ステップ）を共有したり、スケジュールを明示したりする取組が実施されていました。

　その際、学習評価そのものや学習評価を基軸とした授業の評価、単元計画や年間指導計画等の立案・評価を行うに当たって、適切なフォーマット（計画・反省等の書式）を定めたり、それらを活用するに当たって、学年間・学部間での統一を図ったりするなど、特定の授業グループや学年等を対象とした取組ではなく、組織的な取組となるような工夫が図られていました。

　これら一連の学習指導のPDCAサイクルでは、各学校において、Planの段階で各種の法令等に基づいた学校教育目標の設定や教育課程の編成、個別の指導計画、年間指導計画、単元計画、授業計画等の様々な計画が丁寧に企画・立案されて、その中で学習評価の時期やタイミングも明らかにされていました。また、具体的な学習指導として展開（Do）されていく中でも、児童生徒の学習状況を分析的に明らかにする評価の観点のみならず、授業づくりの視点等が生かされ、次に続くCheckやActionの段階へとスムーズに連動する流れが形づくられていました。具体的な学習評価や授業・単元等の改善に際しては、各授業グループ等の単位で個々バラバラに、また、無意図的に実施されるのではなく、一つ一つの授業が単元の中で有している意味（授業間の関連性）や各教科等において一つ一つの単元が有している意味（単元間の関連性）、さらには各教科等が教育課程全体の中で有している意味や機能（各教科等間の関連性）を考慮し、全体を俯瞰した形でカリキュラム・マネジメントを図ることで、体系化された取組を実施しようとしていました。

第5節　四つの柱ごとの研究協力機関の実践

　研究協力機関における学習評価の実践事例は、いずれも組織的・体系的な取組が図られていましたが、各学校での展開は必ずしも同じような様相を呈している訳ではなく、それぞれの学校の特徴を反映しながら、異なる「動力源」や「中心となる歯車」が回転する形で連動する取組が展開されていました。

　例えば、広島県立庄原特別支援学校では、学校長の諮問機関である教育課程検討会議が中心となって各授業レベルから単元レベル等の体系的な評価資料を活用しながら、学習評価を活用した授業改善のみならず、教育課程改善にまで活用の範囲を広げていました。また、静岡県立袋井特別支援学校の取組では、研修課が教務課と連携を図りながら、様々な書式の提案に基づいて学習評価と授業改善や単元の改善等を結びつけ、全校教職員に対して情報発信を行い、共通理解を図る中で、「研究と研修と教育課程」とを関連付けた組織的な教育課程改善の取組を実施していました。

　以上の状況を踏まえると学習評価を組織的・体系的に実践していくためには、組織的な取組となるための仕組や工夫と体系化を図るための仕組や工夫の二つの軸から検討していくことが必要であり、両者は必ずしも別々のものとして捉えるのではなく、一体的に検討を行っていくことが重要であると考えられます。

【参考文献・引用文献】
1) 肥後祥治／雲井未歓／片岡美華／鹿児島大学教育学部附属特別支援学校（2013)特別支援教育の学習指導案と授業研究 - 子どもたちが学ぶ楽しさを味わえる授業づくり - ジアース教育新社
2) 鹿児島大学教育学部附属特別支援学校　研究紀要第19集〜第20集
3) 佐藤学（1996）カリキュラムの批評 公共性の再構築へ p.35 世織書房
4) 寺崎千秋（2009）小学校全体計画の作成と運用の手引き pp.16-20 明治図書
5) 文部科学省（2010）児童生徒の学習評価の在り方について（報告）
6) 文部科学省（2014）育成すべき資質・能力を踏まえた教育目標・内容と評価の在り方に関する検討会 - 論点整理 -

【全国調査】特別支援学校（知的障害）における組織的・体系的学習評価の実施状況に関するアンケート調査結果概要

【調査の目的】

本調査は，平成25～26年度専門研究Ｂ「知的障害教育における組織的・体系的学習評価の推進を促す方策に関する研究」の一環として，特別支援学校（知的障害）において，どのような学習評価が実施されているのかを明らかにすると同時に，教育水準を結果の側面から保障していく際にどのような学習評価の工夫が考えられるのかを明らかにすることを目的として実施した。

Ｑ２．設置されている各部の各教科等において，「授業」での４観点を用いた学習評価の実施状況について，以下の選択肢からあてはまるものを１つ選んでください。

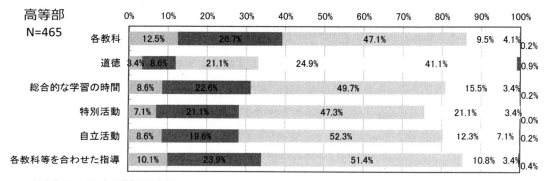

高等部 N=465

項目	４観点すべてを用いた学習評価を実施している	４観点の一部を用いた学習評価を実施している	学校や学部等の独自の観点を用いた学習評価を実施している	学習評価を実施していない（1授業レベルにおいて）	対象外	無回答
各教科	12.5%	26.7%	47.1%	9.5%	4.1%	0.2%
道徳	3.4%	8.6%	21.1%	24.9%	41.1%	0.9%
総合的な学習の時間	8.6%	22.6%	49.7%	15.5%	3.4%	0.2%
特別活動	7.1%	21.1%	47.3%	21.1%	3.4%	0.0%
自立活動	8.6%	19.6%	52.3%	12.3%	7.1%	0.2%
各教科等を合わせた指導	10.1%	23.9%	51.4%	10.8%	3.4%	0.4%

【学習評価の観点の設定について】

「学校や学部等の独自の観点を用いた学習評価を実施している」学校は約50％。「４観点の一部を用いた学習評価を実施している」と回答した学校は約20％。「４観点すべてを用いた学習評価を実施している」と回答した学校は約10％であった。

【学習評価の実施グループについて】

「学部全体で統一して行っている」と回答した学校は50％。「学校全体で統一して行っている」と回答した学校は10％前後。同様に「特定の授業グループのみが行っている」と回答した学校も10％程度であった。

【学習評価を集約するシステムについて】

授業レベル，単元レベル，1年間の総括レベルと評価スパンが長くなるにつれて「集約する会議・委員会等を設定している」とする割合や「特定の責任者により集約している」とする割合は高くなっていた。

【学習評価の集約書式等について】

授業レベル，単元レベル，1年間の総括レベルと集約するスパンが長くなるにつれて書式の共通化が図られる傾向が見られた。一つ一つの授業や単元よりも1年間の総括のように長期間にわたるものをまとめる書式が統一性を持たせやすいと考えられた。

以下に本アンケート調査の対象，結果の概要及び考察についてまとめた。

【調査の対象】
平成25年5月1日現在，全国特別支援学校知的障害教育校長会（以下，全知長）に加入する585校の内，開設準備中の学校3校を除く582校の特別支援学校（知的障害）を対象とした悉皆調査。

【調査の期間】
調査期間は平成25年11月18日から平成26年1月10日までの約2ヵ月間。

【調査の方法】
全知長事務局より，各都道府県の代表にメール添付で質問紙を送信。各都道府県の代表より全知長加入の各特別支援学校へ質問紙を転送。回答専用e-mailアドレスへ各特別支援学校から直接返信を行ってもらった。

【調査の項目】
本調査では，次のⅠ～Ⅴの5区分（17項目）についてアンケートを行った。
Ⅰ．学校及び回答者について（1項目）
Ⅱ．授業における観点別評価等について（4項目）
Ⅲ．単元における観点別評価等について（4項目）
Ⅳ．1年間の学習の総括における観点別評価等について（4項目）
Ⅴ．学習評価の活用等について（4項目）

【回答の状況】
1. 回収率
　全知長に加入する582校中，495校より回答を得た。回収率は85．1％。
2. 回答者
　学校長もしくは学校全体の教育課程を統括する立場にある者を回答者として指定。回答者の職種等は以下の通り。

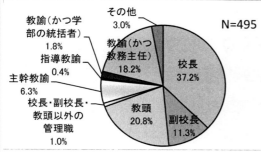

回答者の職種については，4割弱（37.2％）が校長による回答であり，管理職（校長，副校長，教頭，それ以外の管理職）からの回答が全体の約7割（70.3％）を占めた。
その他の3.0％には，研究主任や学習指導を統括する立場の役職（学習指導部長，学習指導主任等）が含まれていた。

【回答の結果】
Q2～Q13までは，授業レベル，単元レベル，1年間の総括レベルでの学習評価の観点の設定，学習評価実施グループ，集約システム，書式等について質問した。

Q7．（単元レベルでの）学習評価はどのようなグループ（単位や範囲）で実施されていますか。

中学部 N=421

	特定の授業グループのみが行っている	特定の学級のみが行っている	特定の学年のみが行っている	学部全体で統一して行っている	学校全体で統一して行っている	対象外	その他	無回答
各教科	12.4%	2.9%	8.8%	51.5%	8.3%	15.4%		0.2%
総合的な学習の時間	7.4%	2.9%	4.0%	57.2%	6.9%	16.2%		0.7%
自立活動	10.0%	5.0%	3.6%	50.6%	10.2%	15.4%		0.7%
各教科等を合わせた指導	8.3%	3.1%	5.5%	55.3%	9.3%	13.3%		0.5%

学習評価を集約するために会議・委員会を設定したり特定の責任者により集約するシステムは授業レベル，単元レベル，1年間の総括レベルそれぞれで5割前後の学校が設定。集約書式についても同様の割合で何らかの形で定めたり，共通化を図っていた。

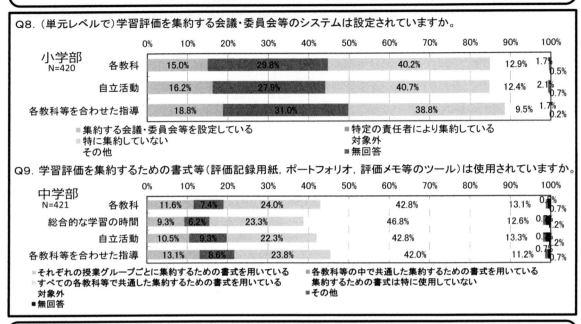

学習評価は約8割の学校で「授業改善」に活用されていた。中でも，小学部は高等部よりも有意に活用が図られていると回答されていた。また，「授業改善」そのものも約8割程度の学校で図られていると回答されていた。

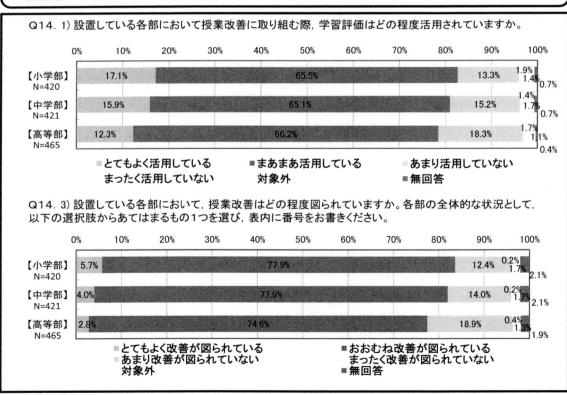

学習評価は約6割の学校で教育課程改善に活用されていた。しかし、「授業改善」ほどは「教育課程改善」には活用されていないようであり、活用の在り方や方策についての具体的な知見を必要としていると考えられた。

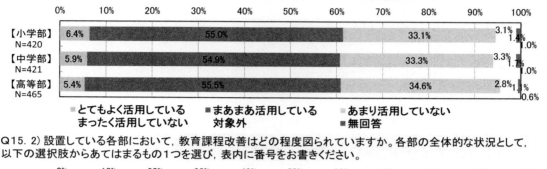

Q15. 1) 設置している各部において、教育課程改善に取り組む際、学習評価をどの程度活用していますか。各部の全体的な状況として、以下の選択肢からあてはまるもの1つを選び、表内に番号をお書きください。

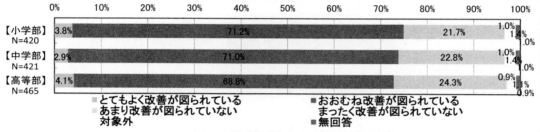

Q15. 2) 設置している各部において、教育課程改善はどの程度図られていますか。各部の全体的な状況として、以下の選択肢からあてはまるもの1つを選び、表内に番号をお書きください。

特別支援学校（知的障害）では、観点を設けて学習評価を実施することで得られる成果や効果、考えられる課題や困難等に対して肯定的（積極的）な回答を示していた。
特に「個に応じた指導」や「授業改善」、「学力等の多角的育成」で顕著であった。

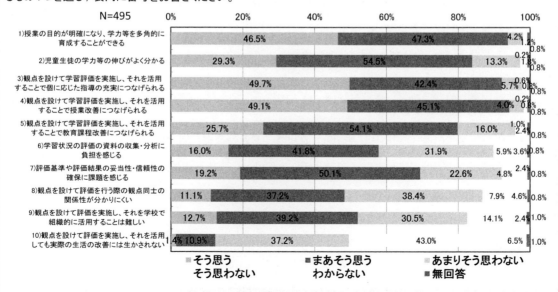

Q16. 観点を設けて（4観点に限らず）学習評価を実施し、それを活用することで、学校全体としてどのような状況になった（または「状況になる」）と感じられますか。以下の1)～10)の各項目のそれぞれについて、選択肢よりあてはまるもの1つを選び、表内に番号をお書きください。

【組織的・体系的な学習評価の様々な工夫】

特別支援学校（知的障害）では，学習評価を組織的・体系的に推進するに当たり，以下のような7つの要因のもとに，様々な取組や考え方の工夫を行っていた。

Ⅰ．組織的・体系的学習評価の推進に直接的に関わる7つの工夫要因

1. いつ学習評価を行うか
　①評価を行う時期（タイミング）
　　毎日，授業後，下校後，単元終了後，学期ごと，前期・後期，年度末
　②時間設定の方法
　　評価週間を設定する，成績検討週間を設定する，成績会議日を設定する

2. どこで学習評価を行うか
　①検討の場・形態
　　学級担当者会，学年会，ブロック会（複数学年の集まり），学部会，個別の指導計画ケース会議，学部研究会，授業研究会，教科会，教育課程改善プロジェクト等

3. 誰が学習評価を行うか
　①評価担当者（評価に関する記録の作成者）
　　授業担当者（担任以外），担任，学年の指導者全体，学部の指導者全体，当該学部以外からの参観者，外部の関係者（現場実習先の関係者）等
　②評価確認者（評価に関する記録を確認する人）
　　授業担当者（担任以外），担任，学年の指導者全体，学部の指導者全体，教務主任，ミドルリーダー，管理職

4. 何のために学習評価を行うか
　①学習評価の考え方や指針
　　学習評価の考え方に関する指針を示す，学習指導についての構造図を示す，評価例を作成する，評価書式への記入に関するマニュアルを示す

5. 何を対象として学習評価を行うか
　①評価対象
　　児童生徒の学習行動，児童生徒の変容過程，日常生活や地域生活への応用・般化

6. どのように学習評価を行うか
　①評価の観点の内容
　　キャリア教育の視点，キャリア発達の視点，基礎的・汎用的能力の4観点，学校独自の観点等
　②評価の観点の設定方法
　　評価の観点を全校で統一する，特定の評価の観点へ比重を置く，授業の主指導者により観点の提示を行う，評価の観点の妥当性を検討する
　③評価の妥当性の向上
　　複数の教員による判断の一致，評価の根拠の検証を行う，評価規準に照らした評価を行う等
　④評価の補助資料とするもの
　　日々の実践記録，日々の活動記録，日々のエピソード記録，映像記録，授業参観者による評価シート，週指導計画，独自の検定，児童生徒の自己評価，児童生徒の相互評価等
　⑤具体的な評価の方法
　　行動レベルでの評価，指導目標を踏まえた本人の実現状況の丁寧な文章表記，肯定的評価，児童生徒自身が分かる評価，到達度評価，個人内評価，全員参加型討議でのKJ法による評価等

7. その他の学習評価に関する工夫
　①書式・項目の設定方法
　　個別の教育支援計画・個別の指導計画・通知票の関連の強化，個別の指導計画・通知票の一体化，個別の教員支援計画・個別の指導計画の一体化，個別の指導計画と年間指導計画の関連付け，児童生徒の実態に応じてカスタマイズした評価表，評価記録様式の統一等
　②省力化・負担軽減
　　評価記録項目の量や内容の調整，評価スパンの調整，校内LANの活用，サーバーでのデータ保管
　③視覚的分かりやすさの工夫
　　評価のレーダーチャート化，目標を一覧表にしておく
　④職場環境・雰囲気づくり
　　常に感じたことを話すことのできる雰囲気，よりよい授業のために率直に話し合える雰囲気づくり

Q16の調査項目は，平成21年度に文部科学省が委託した「学習指導と学習評価に対する意識調査」を基に作成。調査対象や各質問項目については，厳密には同一となっていないものの，調査対象を全国の小・中・高等学校の教員（全国から無作為抽出された小・中・高等学校の教員，各2000人：合計6000人）とした回答結果と比較しても特別支援学校（知的障害）では，類似の質問項目において，よりポジティブな回答結果を示している状況が伺えた。一人ひとりの児童生徒の実態把握や学習状況・生活状況等を踏まえた，適切な指導及び必要な支援を展開していく特別支援教育ならではの，きめ細やかな対応の特徴を反映しているものであると捉えられた。

H21年文科省委託調査結果とH25特総研調査結果の比較

授業の目標が明確になり，学力などを多角的に育成することができる
■そう思う ■まあそう思う ■あまりそう思わない ■そう思わない ■無回答

H21文科省委託調査結果： 19.8%

授業の目標が明確になり，学力等を多角的に育成することができる
■そう思う ■まあそう思う ■あまりそう思わない ■そう思わない ■わからない・無回答

H25特総研調査結果： 4.2% / 2.0%

児童生徒の学力などの伸びがよく分かる
■そう思う ■まあそう思う ■あまりそう思わない ■そう思わない ■無回答

H21文科省委託調査結果： 10.2%　28.7%

児童生徒の学力等の伸びがよく分かる
■そう思う ■まあそう思う ■あまりそう思わない ■そう思わない ■わからない・無回答

H25特総研調査結果： 29.4%　13.3%　0.2% / 2.6%

【研究組織】研究代表者：尾崎祐三
　　　　　　研究分担者：松見和樹，涌井恵，武富博文，横尾俊，神山努

【関連情報】
※本リーフレットのより詳細な報告書について
　以下のURLより詳細な報告を行っていますので，ご参照ください。
　http://www.nise.go.jp/cms/keywords/1.-.kwstring.7.html
※国立特別支援教育総合研究所メールマガジンについて
　特別支援教育の最新情報をメールマガジンにてお届けしています。以下のURLよりご登録ください。
　http://www.nise.go.jp/cms/6,1775,13.html
※インクルーシブ教育システム構築支援データベースについて
　以下のURLより合理的配慮の実践事例と関連情報をお届けしています。
　http://inclusive.nise.go.jp/
※発達障害教育情報センターについて
　以下のURLより発達障害のある子どもの教育に関わる情報をお届けしています。
　http://icedd.nise.go.jp/
※特別支援教育教材ポータルサイト（支援教材ポータル）について
　以下のURLより特別支援教育の教材や支援機器，学校での実践事例をご紹介しています。
　http://kyozai.nise.go.jp

独立行政法人　国立特別支援教育総合研究所
National Institute of Special Needs Education

〒239-8585　神奈川県横須賀市野比5丁目1番1号
【研究成果リーフレット作成日　平成27年5月1日】

■平成25～26年度専門B「知的障害教育における組織的・体系的な学習評価の推進を促す方策に関する研究－特別支援学校（知的障害）の実践事例を踏まえた検討を通じて－」

執筆者一覧
- 尾崎祐三　（第2節1～3、第4節3、5、6、7）
- 松見和樹　（第1節1～3、第2節2～3、第3節、第4節1、第5節1）
- 涌井　恵　（第1節1～3、第2節4、第4節2、第5節2、）
- 武富博文　（第4節4、第5節4、巻末資料）
- 横尾　俊　（第1節1～3）
- 神山　努　（第2節4、第4節3、第5節3）
- 丹野哲也　（序説）

第Ⅱ章実践編は、以下の担当者を中心に各研究協力機関の取組について執筆した。
- 愛媛大学教育学部附属特別支援学校：加藤公史
- 千葉県立八千代特別支援学校：尾崎至
- 鹿児島大学教育学部附属特別支援学校：四ツ永信也
- 福島県立いわき養護学校：小野晶子
- 岩手大学教育学部附属特別支援学校：田村典子
- 京都府立舞鶴支援学校：加志村直子
- 千葉県立特別支援学校流山高等学園：椎橋克夫
- 広島県立庄原特別支援学校：松本和裕
- 静岡県立袋井特別支援学校：近藤真理子

「育成を目指す資質・能力」をはぐくむための
知的障害教育における学習評価の実践ガイド
－学習評価の9実践事例を踏まえて－

2016年　9月16日　初版第1刷発行
2021年10月20日　オンデマンド版第1刷発行

編　著　独立行政法人　国立特別支援教育総合研究所
発行者　加藤　勝博
発行所　株式会社　ジアース教育新社
　　　　〒101-0054　東京都千代田区神田錦町1-23　宗保第2ビル
　　　　Tel 03-5282-7183
　　　　Fax 03-5282-7892
　　　　E-mail：info@kyoikushinsha.co.jp
　　　　ＵＲＬ：http://www.kyoikushinsha.co.jp/

表紙デザイン　　株式会社　彩流工房　　　Printed in Japan
〇定価は表紙に表示してあります。
〇乱丁・落丁はお取り替えいたします
ISBN978-4-86371-384-0